读故事学经典系列

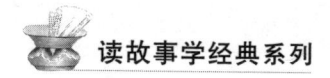

读故事 学唐诗名句

【涵盖教育部推荐背诵篇目】

邵勋潜 编著

花山文艺出版社

图书在版编目(CIP)数据

读故事学唐诗名句/邵勋潜著.-- 石家庄：花山文艺出版社，2006(2021.8 重印)
("读·品·悟"读故事学经典系列)
ISBN 978-7-80673-872-6

Ⅰ.①读… Ⅱ.①邵… Ⅲ.①唐诗-青少年读物 Ⅳ.①I222.742

中国版本图书馆 CIP 数据核字(2006)第 091472 号

丛 书 名：读故事学经典系列
书　　名：读故事学唐诗名句
编 著 者：邵勋潜

策　　划：张采鑫
责任编辑：郝卫国
责任校对：李　鸥
特约编辑：李文生
装帧设计：红十月工作室
出版发行：花山文艺出版社(邮政编码：050061)
　　　　　(河北省石家庄市友谊北大街 330 号)
销售热线：0311-88643221
传　　真：0311-88643234
印　　刷：永清县晔盛亚胶印有限公司
经　　销：新华书店
开　　本：720×980　1/16
字　　数：220 千字
印　　张：13
版　　次：2006 年 8 月第 1 版
　　　　　2021 年 8 月第 2 次印刷
书　　号：ISBN 978-7-80673-872-6
定　　价：39.90 元

(版权所有　翻印必究·印装有误　负责调换)

前 言

唐诗是我国古代文学宝库中珍贵的遗产，是中国人民引以为自豪的精神财富；而唐诗名句，则是唐诗中的精华。这些名句一是蕴涵着深刻的人生哲理。不少名句是作者饱经沧桑和坎坷之后对人生社会的深刻认识，又经过千锤百炼的艺术加工，今天读来仍然可以帮助我们更好地认识、理解和把握人生社会。二是有很强的艺术感染力。这些名句，有的读之令人胸襟洒脱，壮怀激烈，热血奔涌；有的如小桥流水，清风明月，读之令人赏心悦目，心旷神怡；也有的缠绵悱恻，感情深挚，读之令人感慨震撼，刻骨铭心。三是具有强大的生命力。千百年来，尽管日换星移，沧海桑田，人类社会发生了巨大的变化，但这些名句仍能传诵至今，足以证明它们是中华文学宝库中的璀璨明珠。

常言道：腹有诗书气自华。经典唐诗名句是每个中国人所必备的。然而，由于语言、时代的隔膜，今天的大多数中学生对传统中国文学的精萃缺乏应有的了解。他们在这方面书读得不多，背得更少，这使他们身上少了作为文明古国的国民所应有的书卷气，难怪同学们在写作时语言乏味、词不敷用。

为了能够帮助中学生增长知识，提高文学素养和写作能力，我们精选了100句最为脍炙人口的唐诗名句，涵盖教育部推荐的背诵篇目，用轻松新颖的形式，帮助同学们更好地理解唐诗经典，编著了这本《读故事 学唐诗名句》。

本书在体例上分为八部分：

一是"名句和拼音"。书中的每一名句都有注音。由于对名句中的个别词语有不同的理解，我们择善而从，尽量按照通常的理解来注音。

二是"出典"。每一名句都标明作者和篇目。

三是"注释"。名句中有深奥、不易理解的词语，均有恰当的释义。

四是"译文"。每一名句都有白话译文，易于读者理解其义。

五是"原作"，每一名句出自哪首诗歌，均有原作附录其后。

六是"作者小传"。书中在每位作者第一次出现时都作了简要介绍，以后标

明页码，便于查找了解。

七是"故事"。书中的这些故事，或许是关于某一名句出处的故事，或许是关于某一位诗人的故事，或许是关于名句内容的常识。读了这些故事，可以了解更多的相关知识，并进而更好地理解背诵这些名句。

八是"赏析"。每一名句好在哪里，如何欣赏，都可以从中找到答案。

江山代有才人出，名句还要代代传。可以毫不夸张地说，同学们若能将这些字字珠玑、句句经典的名句诵记下来，将受益终生；对许多成年人来说，这也是应补的一课。

最后，我希望通过这本书，能够对中学生和广大的唐诗爱好者有所帮助，使唐诗经典名句成为他们成长、成才的良师益友。

由于本人水平所限，本书的体例和内容难免未能尽如人意，殷切希望广大读者批评指正，以便进一步修改和提高。

邵勋潜

目 录

前言 .... (1)

A

1. 安能摧眉折腰事权贵,使我不得开心颜 .... (1)
2. 安得广厦千万间,大庇天下寒士俱欢颜,风雨不动安如山 ... (4)
3. 安得壮士挽天河,尽洗甲兵长不用 .... (6)

B

4. 白毛浮绿水,红掌拨清波 .... (9)
5. 白发三千丈,缘愁似个长 .... (11)
6. 白日放歌须纵酒,青春作伴好还乡 .... (13)
7. 白头搔更短,浑欲不胜簪 .... (14)
8. 白也诗无敌,飘然思不群,清新庾开府,俊逸鲍参军 .... (16)
9. 不知细叶谁裁出,二月春风似剪刀 .... (18)
10. 不才明主弃,多病故人疏 .... (20)
11. 不知何处吹芦管,一夜征人尽望乡 .... (22)

C

12. 长安一片月,万户捣衣声 .... (24)
13. 长风破浪会有时,直挂云帆济沧海 .... (26)
14. 沉舟侧畔千帆过,病树前头万木春 .... (28)

· 1 ·

15. 抽刀断水水更流,举杯消愁愁更愁 ……………………………………… (30)
16. 出师未捷身先死,长使英雄泪满襟 ……………………………………… (32)
17. 锄禾日当午,汗滴禾下土。谁知盘中餐,粒粒皆辛苦 ……………… (34)
18. 床前明月光,疑是地上霜。举头望明月,低头思故乡 ……………… (36)
19. 春蚕到死丝方尽,蜡炬成灰泪始干 …………………………………… (38)
20. 春潮带雨晚来急,野渡无人舟自横 …………………………………… (40)
21. 春眠不觉晓,处处闻啼鸟 ………………………………………………… (42)
22. 慈母手中线,游子身上衣 ………………………………………………… (43)
23. 柴门闻犬吠,风雪夜归人 ………………………………………………… (45)

D

24. 大漠孤烟直,长河落日圆 ………………………………………………… (48)
25. 但使龙城飞将在,不教胡马度阴山 …………………………………… (50)
26. 待月西厢下,迎风户半开。拂墙花影动,疑是玉人来 ……………… (52)
27. 打起黄莺儿,莫教枝上啼。啼时惊妾梦,不得到辽西 ……………… (54)
28. 东边日出西边雨,道是无晴却有晴 …………………………………… (56)
29. 东风不与周郎便,铜雀春深锁二乔 …………………………………… (58)
30. 读书破万卷,下笔如有神 ………………………………………………… (60)
31. 独在异乡为异客,每逢佳节倍思亲 …………………………………… (61)

E

32. 儿童相见不相识,笑问客从何处来 …………………………………… (64)
33. 二月卖新丝,五月粜新谷。医得眼前疮,剜却心头肉 ……………… (66)

F

34. 飞流直下三千尺,疑是银河落九天 …………………………………… (68)

G

35. 感时花溅泪,恨别鸟惊心 ………………………………………………… (70)

36. 阁中帝子今何在,槛外长江空自流 …………………………………… (72)
37. 古来圣贤皆寂寞,惟有饮者留其名 …………………………………… (74)
38. 孤舟蓑笠翁,独钓寒江雪 ……………………………………………… (76)
39. 孤帆远影碧空尽,惟见长江天际流 …………………………………… (78)
40. 姑苏城外寒山寺,夜半钟声到客船 …………………………………… (80)

H

41. 黄沙百战穿金甲,不破楼兰终不还 …………………………………… (82)
42. 黄鹤一去不复返,白云千载空悠悠 …………………………………… (84)
43. 好雨知时节,当春乃发生 ……………………………………………… (85)
44. 何当共剪西窗烛,却话巴山夜雨时 …………………………………… (87)
45. 忽如一夜春风来,千树万树梨花开 …………………………………… (89)
46. 回眸一笑百媚生,六宫粉黛无颜色 …………………………………… (92)
47. 会当凌绝顶,一览众山小 ……………………………………………… (95)
48. 花径不曾缘客扫,蓬门今始为君开 …………………………………… (96)
49. 海内存知己,天涯若比邻 ……………………………………………… (98)
50. 海日生残夜,江春入旧年 ……………………………………………… (99)

J

51. 鸡声茅店月,人迹板桥霜 ……………………………………………… (102)
52. 旧时王谢堂前燕,飞入寻常百姓家 …………………………………… (104)
53. 君自故乡来,应知故乡事 ……………………………………………… (106)

K

54. 开轩面场圃,把酒话桑麻 ……………………………………………… (108)
55. 可怜身上衣正单,心忧炭贱愿天寒 …………………………………… (110)
56. 可怜九月初三夜,露似真珠月似弓 …………………………………… (112)
57. 苦恨年年压金线,为他人作嫁衣裳 …………………………………… (113)

L

58. 两岸猿声啼不住，轻舟已过万重山 ………………………………… (115)
59. 两岸青山相对出，孤帆一片日边来 ………………………………… (117)
60. 两个黄鹂鸣翠柳，一行白鹭上青天 ………………………………… (119)
61. 留连戏蝶时时舞，自在娇莺恰恰啼 ………………………………… (120)
62. 露从今夜白，月是故乡明 …………………………………………… (122)
63. 落日照大旗，马鸣风萧萧 …………………………………………… (123)
64. 洛阳亲友如相问，一片冰心在玉壶 ………………………………… (125)

M

65. 门前冷落鞍马稀，老大嫁作商人妇 ………………………………… (127)
66. 莫愁前路无知己，天下谁人不识君 ………………………………… (129)
67. 马上相逢无纸笔，凭君传语报平安 ………………………………… (131)

N

68. 鸟宿池边树，僧敲月下门 …………………………………………… (133)

P

69. 葡萄美酒夜光杯，欲饮琵琶马上催 ………………………………… (136)

Q

70. 曲径通幽处，禅房花木深 …………………………………………… (138)
71. 劝君更尽一杯酒，西出阳关无故人 ………………………………… (140)
72. 前不见古人，后不见来者 …………………………………………… (141)
73. 羌笛何须怨杨柳，春风不度玉门关 ………………………………… (143)
74. 秦时明月汉时关，万里长征人未还 ………………………………… (146)

75. 清明时节雨纷纷,路上行人欲断魂 …………………………… (147)
76. 千秋万岁名,寂寞身后事 ………………………………………… (149)
77. 千里莺啼绿映红,水村山郭酒旗风 …………………………… (151)

R

78. 人面不知何处去,桃花依旧笑春风 …………………………… (154)
79. 日出江花红胜火,春来江水绿如蓝 …………………………… (156)

S

80. 身无彩凤双飞翼,心有灵犀一点通 …………………………… (158)
81. 身多疾病思田里,邑有流亡愧俸钱 …………………………… (160)
82. 四知美誉留人世,应与乾坤共久长 …………………………… (161)

T

83. 天街小雨润如酥,草色遥看近却无 …………………………… (163)
84. 天阶月色凉如水,坐看牵牛织女星 …………………………… (165)
85. 停车坐爱枫林晚,霜叶红于二月花 …………………………… (166)
86. 他年我若为青帝,报与桃花一处开 …………………………… (168)
87. 桃花潭水深千尺,不及汪伦送我情 …………………………… (170)

W

88. 万里悲秋长作客,百年多病独登台 …………………………… (172)
89. 我寄愁心与明月,随风直到夜郎西 …………………………… (174)

X

90. 夕阳无限好,只是近黄昏 ………………………………………… (176)
91. 星垂平野阔,月涌大江流 ………………………………………… (177)

Y

92. 野火烧不尽,春风吹又生 …………………………………… (180)

93. 野旷天低树,江清月近人 …………………………………… (182)

94. 欲穷千里目,更上一层楼 …………………………………… (183)

95. 欲将轻骑逐,大雪满弓刀 …………………………………… (185)

96. 一骑红尘妃子笑,无人知是荔枝来 ………………………… (187)

97. 愿君多采撷,此物最相思 …………………………………… (189)

Z

98. 朱门酒肉臭,路有冻死骨 …………………………………… (191)

99. 正是江南好风景,落花时节又逢君 ………………………… (193)

100. 总为浮云能蔽日,长安不见使人愁 ………………………… (195)

A

安能摧眉折腰事权贵,使我不得开心颜

【名句】

ān néng cuī méi zhé yāo shì quán guì　shǐ wǒ bù dé kāi xīn yán
安 能 摧 眉 折 腰 事 权 贵①,使 我 不 得 开 心 颜②。

【出典】

李白《梦游天姥吟留别》。

【注释】

①摧眉折腰:低眉弯腰。事:侍候。
②开心颜:快乐,快活。

【译文】

我怎么能够低眉弯腰侍候权贵,叫我心中感到不快活。

【原作】

海客谈瀛洲,烟涛微茫信难求。越人语天姥,云霞明灭或可睹。天姥连天向天横,势拔五岳掩赤城。天台四万八千丈,对此欲倒东南倾。我欲因之梦吴越,一夜飞渡镜湖月。湖月照我影,送我至剡溪。谢公宿处今尚在,渌水荡漾清猿啼。脚著谢公屐,身登青云梯。半壁见海日,空中闻天鸡。千岩万转路不定,迷花倚石忽已暝。熊咆龙吟殷岩泉,栗深林兮惊层巅。云青青兮欲雨,水澹澹兮生烟。列缺霹雳,丘峦崩摧。洞天石扉,訇然中开。青冥浩荡不见底,日月照耀金银台。霓为衣兮风为马,云之君兮纷纷而来下。虎鼓瑟兮鸾回车,仙之人兮列如

— 1 —

麻。忽魂悸以魄动,恍惊起而长嗟!惟觉时之枕席,失向来之烟霞。世间行乐亦如此,古来万事东流水。别君去兮何时还?且放白鹿青崖间,须行即骑访名山。安能摧眉折腰事权贵,使我不得开心颜!

【作者小传】

李白(701~762),字太白,号青莲居士,自称祖籍陇西成纪(今甘肃秦安),隋末流寓碎叶(今吉尔吉斯斯坦托克马克附近)。出生地有蜀中、西域诸说,没有定论。

李白少年时期受到很好的家庭教育,10岁诵诗书,观百家,作诗赋,学剑术,爱好十分广泛。15岁左右就写得一手出色的好文章。

开元十四年(726)起,李白三次游历,天宝三年秋,李白在洛阳和汴州分别遇见了杜甫和高适,三人便结伴同行,畅游了梁园和济南等地,李杜从此便结下了深厚的情谊:"醉眠秋共被,携手日同行。"(杜甫《与李十二同寻范十隐居》)这一时期,是诗人创作最丰富的时期,代表作品有《梦游天姥吟留别》、《将进酒》、《北风行》、《梁园吟》等。深刻地揭露现实和强烈的反抗精神是这个时期作品的显著特色。

宝应元年(762)十一月,李白病死在他的族叔当涂县令李阳冰家中,终年62岁。

李白,被后人称为"诗仙",《蜀道难》、《行路难》、《将进酒》、《梦游天姥吟留别》、《静夜思》、《望庐山瀑布》、《早发白帝城》等诗均为传世名作。

唐玄宗天宝元年(742),李白到长安后,与诗人贺知章成为好友。那时,李白想参加进士考试,贺知章于是找主考官杨国忠和太监高力士说情,希望给予关照。这两人是贪得无厌之辈,收取了考生的不少贿赂,一听贺知章说情,心想,贺知章肯定受了李白的金银,却来我们这里白讨人情,到时不论好歹,偏不录取他。考试那天,李白不假思索,一挥而就,第一个交卷。杨国忠见卷上有李白的姓名,冷笑着在试卷上乱涂:"这样的书生,只好给我磨墨。"高力士接口道:"磨墨也不配,只能给我脱靴。"李白满腔怨气,回到贺知章处,整天闲居无事。

不久后的一天,唐朝的邻国渤海国,派使者送来一封国书。国书中的文字

很奇特，满朝文武没有一个认识。唐玄宗龙颜大怒，说："我堂堂天朝，济济百官，连一封番书都不识，岂不是丢了大国体面，被小邦耻笑？"于是下令："三日之内无人认出，满朝文武一律罢免停职。"圣旨一下，百官默不敢言，玄宗更怒。

贺知章散朝回家后，闷闷不乐。李白询问原因，贺知章叙述了事情经过。李白笑道："有何难！可惜我不能上朝去看看。"

第二天，贺知章上朝奏明玄宗，玄宗大喜，立即召见。李白接过番书，朗朗而读，像行云流水。番文中要唐朝割让土地城池，不然就要起兵攻打。这一下满朝文武议论纷纷，乱作一团，拿不定主意。李白说："此事简单，待臣写一封回信，恩威并施，晓以利害，让渤海国拱手称臣。"

玄宗大悦，命人马上准备好笔墨纸砚。李白说："臣以前多次遭到太监高力士、右相杨国忠的中伤侮辱，今天二人站在眼前，臣的才思得不到发挥。臣今代皇上起草诏书，非比寻常，乞圣上降旨命杨国忠磨墨，高力士脱靴，以示宠信，也使外邦使者不敢轻视。"

玄宗在这个时候，当然只有下令照办。于是杨国忠磨墨，高力士脱靴，李白文不加点，一挥而就。

使者出宫后，偷偷向送行的贺知章问道："写诏书的不知是谁？竟让宰相磨墨，太尉脱靴。"贺知章回答说："李学士是谪仙，偶然下凡来到人间，宰相、太尉怎能和他相比呢？"番使大吃一惊，回国后又添油加醋地禀报，渤海国知道唐朝大有能人，不敢轻举妄动，从此臣服于唐朝。

从这件事以后，李白与杨国忠、高力士等人的矛盾更加尖锐。李白自知不为朝廷所容，便上书请求"还山"。天宝三年，李白被玄宗赐金放还，开始了以东鲁、梁园为中心的漫游生活。天宝四年，当李白准备离开东鲁南游吴越时，为了向友人倾吐遭受政治打击之后的抑郁心情，在愤懑之中，写下了《梦游天姥吟留别》一诗，而"安能摧眉折腰事权贵，使我不得开心颜"就是这诗中的名句。

赏析

这句诗取典于《晋书·陶渊明传》："我岂能为五斗米折腰向乡里小儿！"表明一种不向权贵低头的崇高志节。

"摧眉折腰"的意思是向恶势力或权贵低头，讨好别人。李白不满当时政治，有出世之意，用这两句诗表达自己的高尚人格。后人常用这两句表明自己洁身自爱的操守。

安得广厦千万间，大庇天下寒士俱欢颜，风雨不动安如山

【名句】

ān dé guǎng shà qiān wàn jiān　dà bì tiān xià hán shì jù huān yán　fēng
安 得 广 厦 千 万 间①，大 庇 天 下 寒 士 俱 欢 颜②，风
yǔ bú dòng ān rú shān
雨 不 动 安 如 山！

【出典】

杜甫《茅屋为秋风所破歌》。

【注释】

①广厦：大房子。
②庇：覆盖，保护。

【译文】

怎么样才能得到千万间宽敞的房屋，为普天下的贫寒之士遮风挡雨，风雨吹不动，安稳如泰山！

【原作】

八月秋高风怒号，卷我屋上三重茅。茅飞渡江洒江郊，高者挂罥(juàn)长林梢，下者飘转沉塘坳。南村群童欺我老无力，忍能对面为盗贼。公然抱茅入竹去，唇焦口燥呼不得，归来倚杖自叹息。俄顷风定云墨色，秋天漠漠向昏黑。布衾多年冷似铁，娇儿恶卧踏里裂。床头屋漏无干处，雨脚如麻未断绝。自经丧乱少睡眠，长夜沾湿何由彻！安得广厦千万间，大庇天下寒士俱欢颜，风雨不动安如山！呜呼！何时眼前突兀见此屋，吾庐独破受冻死亦足！

【作者小传】

杜甫(712~770)，字子美，诗中常自称少陵野老，祖籍襄阳(今属湖北)，自

其曾祖时迁居巩县(今属河南)。杜审言之孙。自幼好学,知识渊博,颇有政治抱负。开元后期,举进士不第,漫游各地。天宝三载(744)在洛阳与李白相识。后寓居长安(今属陕西)将近十年,未能有所施展,生活贫困,逐渐接近人民,对当时的黑暗政治有较深的认识。靠献赋始得官。及安禄山军陷长安,乃逃至凤翔,谒见肃宗,官左拾遗。长安收复后,随肃宗还京,寻出为华州司功参军。不久弃官往秦州、同谷。又移家成都,筑草堂于浣花溪上,世称浣花草堂。一度在剑南节度使严武幕中任参谋,武表为检校工部员外郎,故世称杜工部。晚年携家出蜀,病死湘江途中。一说死于耒阳。

其诗大胆揭露当时社会矛盾,对统治者的罪恶作了较深的批判,对穷苦人民寄以深切同情。善于选择具有普遍意义的社会题材,反映出当时政治的腐败,在一定程度上表达了人民的愿望。许多优秀作品,显示出唐代由开元、天宝盛世转向分裂衰微的历史过程,故被称为"诗史"。在艺术上,善于运用各种诗歌形式,风格多样,而以沉郁为主;语言精练,具有高度的表达能力。继承和发展《诗经》以来的优良文学传统,成为我国古代诗歌的现实主义高峰,起着继往开来的重要作用。《兵车行》、《自京赴奉先县咏怀五百字》、《春望》、《羌村》、《北征》、《三吏》、《三别》、《茅屋为秋风所破歌》、《秋兴》等诗,皆为人传诵。但有些作品也存在着较浓厚的"忠君"思想。有《杜工部集》。

故事

乾元三年(760)的春天,历尽沧桑,受尽坎坷的大诗人杜甫,求亲拜友,在四川成都西郊的浣花溪边上盖了一座草屋,总算有了个落脚之处。

一个秋天的下午,天阴下来了。突然又刮起大风,草屋上一层层的茅草被卷上天空,有的飞到江对面,洒落岸边,有的挂在树梢,随风飘摆,有的落到水塘,沉入水底。杜甫拄着拐杖,眼巴巴地看着大风逞凶,无可奈何。一群孩子捧起地上的茅草,追追打打,往竹林里跑去。杜甫急得连声呼叫:"别把草拿走呀,我还得补屋顶哪!"嘴都叫干了,顽皮的孩子谁也不理睬他。他想追赶,可没走几步就气喘吁吁了,孩子们已跑得无影无踪了。

风渐渐停了,天上布满了乌云。夜里,老天好像专门与他作对一样,下起瓢泼大雨。可怜老人屋漏偏遭连夜雨,家里没有一块干的地方啦!小儿子缩在潮湿的旧棉被里,熟睡中又伸胳膊又伸腿,棉被里子也给蹬破了。外面大雨倾盆,屋里滴滴答答,破被子怎能挡得住寒气啊。杜甫一声声地叹息,无法入睡,心想,普天之下还有多少人像我一样在挨冻受苦呢?诗人含着热泪吟了《茅屋为

秋风所破歌》，在描画了风卷茅草、雨夜屋漏之后，大声疾呼"安得广厦千万间，大庇天下寒士俱欢颜，风雨不动安如山"。诗人盼望出现奇迹，什么时候高大的屋子造起来，天下挨冻的人都有地方住，那时候自己就是屋破冻死也心甘情愿啊！

赏析

这句诗写出了诗人推己及人的伟大情怀。"呜呼！何时眼前突兀见此屋，吾庐独破受冻死亦足！"深沉的叹息和坚决的言辞，体现了诗人那种舍己为人、至死不悔的高尚精神。这是诗人，也是这首诗的思想感情最崇高、最伟大、最感人之处。正是由于具有这样的思想感情，所以才使这首诗具有最深刻的社会意义。这是大诗人对当时下层人民生活的深刻体察，也是对仁者治理天下的期盼。

安得壮士挽天河，尽洗甲兵长不用

【名句】

ān dé zhuàng shì wǎn tiān hé　jìn xǐ jiǎ bīng cháng bú yòng
安得　壮　士挽天河①,尽洗甲兵　长　不用②!

【出典】

杜甫《洗兵马》。

【注释】

①安得：怎么能，怎样才能。
②甲兵：甲胄、兵器。

【译文】

怎样才能请到强壮之士拉下天上的银河，将甲胄、兵器全部清洗，永不再用！

【原作】

中兴诸将收山东，捷书夜报清昼同。河广传闻一苇过，胡危命在破竹中。只残邺城不日得，独任朔方无限功。京师皆骑汗血马，回纥喂肉葡萄宫。已喜皇威清海岱，常思仙仗过崆峒。三年笛里关山月，万国兵前草木风。成王功大心转小，郭相谋深古来少。司徒清鉴悬明镜，尚书气与秋天杳。二三豪俊为时出，整顿乾坤济时了。东走无复忆鲈鱼，南飞觉有安巢鸟。青春复随冠冕入，紫禁正耐烟花绕。鹤驾通宵凤辇备，鸡鸣问寝龙楼晓。攀龙附凤势莫当，天下尽化为侯王。汝等岂知蒙帝力，时来不得夸身强！关中既留萧丞相，幕下复用张子房。张公一生江海客，身长九尺须眉苍。征起适遇风云会，扶颠始知筹策良。青袍白马更何有？后汉今周喜再昌。寸地尺天皆入贡，奇祥异瑞争来送。不知何国致白环，复道诸山得银瓮。隐士休歌紫芝曲，词人解撰河清颂。田家望望惜雨干，布谷处处催春种。淇上健儿归莫懒，城南思妇愁多梦。安得壮士挽天河，尽洗甲兵长不用！

【作者小传】（见第4页）

唐肃宗至德二年(757)，杜甫被贬为华州(今陕西渭南县)司功参军。这是一次极为沉重的打击，使他清楚地认识到自己被视为房琯的同党，已经丧失了政治前途，他那"致君尧舜上，再使风俗淳"的理想几乎要破灭了！这以后的处境反使他更能正视现实，更接近人民，更了解和同情人民的苦难了。

当时，平息"安史之乱"的军事形势有所好转，尽管他仕途很不顺利，但他并没有沉浸在个人的升黜得失的烦恼之中，而是对国家的中兴寄予无限的希望，同时也敏锐地觉察到朝廷内部存在着种种矛盾，并针对这些问题提出了自己的意见。他认为捷报频传固然应当庆贺，但借回纥兵力助战却留下了严重的后患；肃宗和太上皇都回到长安当然是好事，但应居安思危，不忘天宝末年的历史教训；对有才有用之臣应当重用，但应防止滥施封赏，使小人得势窃取权柄。他主张不要奖励各地争献祥瑞粉饰升平，而应抓紧时机恢复农业生产，鼓励战士们迅速取得伐贼平乱的最后胜利，实现天下太平。诗人杜甫为了表达自己对和平生活的殷切向往，也为了表示自己对朝廷、对国家命运的关怀，于

是有感而发,挥笔写了《洗兵马》一诗。"安得壮士挽天河,尽洗甲兵长不用"就是这首诗中的名句。

赏析

　　唐玄宗天宝十四年(755),安禄山、史思明发起了反叛唐朝的战争,到了乾元二年(759),朝廷取得了战争的主动权,这便是本诗的背景。诗人热切地希望,能有壮士拉下天河之水,尽洗天下甲兵,从而永远消灭战争,使百姓安居乐业。诗句想象奇特壮丽,语气浪漫夸张,表达了诗人对战争即将胜利的极大喜悦和颂扬。

B

白毛浮绿水,红掌拨清波

【名句】

bái máo fú lǜ shuǐ　hóng zhǎng bō qīng bō
白 毛 浮 绿 水①, 红　掌 拨 清 波②。

【出典】

骆宾王《咏鹅》。

【注释】

①浮:浮现。
②掌:脚掌。拨:划动。清波:清清的水波。

【译文】

雪白的羽毛浮现在碧绿的水面,鲜红的脚掌划动着清澈的水波。

【原作】

鹅、鹅、鹅,曲项向天歌。白毛浮绿水,红掌拨清波。

【作者小传】

骆宾王(约640~约684),字观光,唐朝婺州义乌(今浙江义乌)人。幼年即资质颖悟,聪慧过人。7岁时即景赋《咏鹅》诗,一时传遍乡间,誉为神童。晚年参加徐敬业扬州起事,并写下了著名的《讨武氏檄文》。

骆宾王与王勃、杨炯、卢照邻一起,被人们称为"初唐四杰"。作为"初唐四

杰"之一,对荡涤六朝文学颓波,革新初唐浮靡诗风,开辟唐代文学的繁荣局面作出了贡献,因而成为中国文学史上有影响的人物,长期来受到人们的赞誉。他一生著作颇丰,是一个才华横溢的诗人、作家,为诗擅长七言歌行。名作《帝京篇》,五、七言迭用,铺排辞采,声调婉转,"当时以为绝唱"(《旧唐书》本传)。《畴昔篇》、《艳情代郭氏答卢照邻》、《代女道士王灵妃赠道士李荣》亦初唐长诗中之杰构。明王世贞《艺苑卮言》谓其长诗"缀锦贯珠,滔滔洪远,故是千秋绝艺"。其五言诗亦多佳作,五律《在狱咏蝉》,风骨凝重,工整精练。边塞诗《夕次蒲类津》、《边城落日》、《至分水戍》、《边夜有怀》、《送郑少府入辽共赋侠客远从戎》等,深沉而慷慨,代表初唐边塞诗之成就。又善骈文,名作《代李敬业传檄天下文》(俗称《讨武曌檄》),锋芒毕露,慷慨激昂,语言晓畅,倡为骈文新体,启示了初唐文坛欲除齐、梁以来浮靡绮丽习气之趋势。

故事

骆宾王从小聪明伶俐,谦虚好学。他特别爱读书,又喜欢独立思考问题,遇到不懂的事,总是向大人们请教。大人们也乐意把他们知道的东西讲给骆宾王听,还经常出一些题目,考考骆宾王哩。

有一天,7岁的骆宾王和小朋友在一起玩耍。他们尽情地玩呀,闹呀,够高兴的,不知不觉中,他们来到了故乡的小河边。这条小河,给骆宾王带来过许多美好的回忆,他和伙伴们常在一起游泳、钓鱼、划船。

嘿,小河中的鹅真多,它们自由自在地在水中游来游去,叽叽嘎嘎,真漂亮,真好玩。骆宾王看着水中的鹅儿,呆呆地出了神。

这时,邻居老伯走来了,他笑着问骆宾王:"孩子,你在想什么呀?"

"伯伯,你看,这些鹅儿在水中真有意思。"

老伯呵呵笑道:"是吗?"他眼珠一转,说:"好,我今天要出题目考考你了。"

"什么题目?"骆宾王很兴奋,忙问。

这时,村中又来了几位大伯大婶,小伙伴们围着又叫又跳地嚷道:"快说,快说,快说!"

老伯用手指着水中的鹅说:"就以鹅为题做一首诗吧!"

"嗯!好!"骆宾王不慌不忙,清了清嗓子,用稚嫩的童音吟了《咏鹅》诗。

刚刚吟完诗,周围的大人和小孩都拍起手来了。那老伯抱起骆宾王,连声高兴地称赞:"好孩子,好孩子,这首诗做得好!太好了!"

骆宾王羞红了脸,谦虚地向大伙儿笑着。

于是,骆宾王7岁作诗的事儿就迅速传开了。

赏析

"白毛浮绿水,红掌拨清波。"这两句写鹅的形态:鹅有遍体纯白的毛,有红红的宽大的脚蹼,鹅身浮在水上,一双脚时而在水中自由划动。"拨"字用得尤为生动。白毛、红掌、绿水、清波,色彩对比鲜明,而彼此又十分谐调,使画面清新可喜。这两句描写逼真,而又生动有趣。难能可贵的是:两句信口道来,自然成对,十分工稳。

白发三千丈,缘愁似个长

【名句】

bái fà sān qiān zhàng yuán chóu sì gè cháng
白 发 三 千 丈 , 缘 愁 似 个 长①。

【出典】

李白《秋浦歌十七首(其十五)》。

【译文】

白发足有三千丈,但心里的忧愁就像这些银色的头发一样长。

【注释】

①缘:因为。似个:像这般。

【原作】

白发三千丈,缘愁似个长。不知明镜里,何处得秋霜!

【作者小传】(见第2页)

故事

秋浦,现今的安徽省贵池县西郊,是当时唐代银和铜的主要产地之一。

诗人李白在公元753年到南陵(安徽)一带漫游。

南陵的西面有个风景优美的秋浦湖。湖边是山峦叠起,山路曲折的群峰。在茂林深处是座座山民的村庄。群鸟在蓝天上展翅翱翔,俯瞰下面碧波荡漾的湖面,水边上小船悠悠,伴随姑娘们的歌声漫漫飘游。

由于这里盛产矿石,官吏们在这附近山村招来了许多民工采矿炼铜,并在秋浦湖边架起了不少高炉烧石炼铜。炭火日日夜夜把湖面映得一片通红。

这天晚上,月朗星稀,52岁的李白随朋友来到炼铜矿前,观看民工们炼铜,看到这热火朝天的劳动场面,他多么想回到年轻时,投入到劳动人民火热的干劲中去,可长时间郁积在他心里的痛苦始终没有消失。

前一年,李白在幽燕地区看到了安禄山在那里招兵买马,制造兵器,堆放军粮,李白感到国难当头。这种忧郁至今没有消除,他又想到了宫廷里皇帝饮酒作乐,饱食终日,不关心国家大事,不问百姓的生活困苦与死活,那些忠心耿耿,报效国家的忠臣深受排挤,一个个被流放在外不能奉献忠心。他现今已年过半百,事业上却无所成就,至今还身居在外,这怎能不令人悲愁交加。于是,李白写了《秋浦歌十七首(其十五)》这首诗,"白发三千丈,缘愁似个长"就是这首诗中的名句。

赏析

诗人因忧愁痛苦,满头青丝都已变成了白发,而且忧愁的深长足有三千丈那么长。当然,三千丈的白发是不可能有的,这是一种夸张,但足可以看出诗人的内心痛苦的程度。这两句诗同时用了夸张和比喻,在艺术上,表现出了既具体而又富于形象的高超手笔。

白日放歌须纵酒,青春作伴好还乡

【名句】

bái rì fàng gē xū zòng jiǔ　qīng chūn zuò bàn hǎo huán xiāng
白 日 放 歌 须 纵 酒①,青 春 作 伴 好 还 乡②。

【出典】

杜甫《闻官军收河南河北》。

【注释】

①放歌:放声高歌。
②青春:明媚的春天。

【译文】

喜庆的日子里我要放声歌唱尽情喝酒,明媚的春天正好作伴返回故乡。

【原作】

剑外忽传收蓟北,初闻涕泪满衣裳。却看妻子愁何在,漫卷诗书喜欲狂。白日放歌须纵酒,青春作伴好还乡。即从巴峡穿巫峡,便下襄阳向洛阳。

【作者小传】(见第4页)

故事

公元763年,唐朝历史上发生了一件大事。这年的正月,"安史之乱"的余部一首领史朝义上吊自杀,他的部下田承嗣、李怀仙等斩了他的头向朝廷投降,接着河北等地相继收复。至此,延续八年之久的"安史之乱"才算结束。

当时,诗人杜甫流浪到今天的四川省三台县,当他听到这一喜讯时,欣喜若狂,妻子儿女个个喜形于色,往日那布满脸上的愁云一扫而光。"安史之乱"

以来,诗人和家人的遭遇,就像演戏一样,一幕幕呈现在面前。他回想起"安史之乱"爆发后,为报国立功,他投奔肃宗皇帝,不幸在路上被乱军俘至长安,受尽了苦难。他又想起了唐肃宗乾元二年,自己和家人逃荒的情景。

那是十月间的一个夜晚,居住在今甘肃天水的杜甫,因生活所迫,怀着谋求衣食的幻想,告别了天水,开始向成县逃亡。当时已是深秋,天气比较寒冷,杜甫一家在深山荒野之中辛苦跋涉,山谷里不时传来野兽的吼叫声,令人胆战心惊。诗人曾写下了这样一首诗,描绘了当时的情景:

　　熊罴哮我东,虎豹号我西。
　　我后鬼长啸,我前狨又啼。
　　天寒昏无日,山远道路迷。
　　……

杜甫一家在这样的情况下,颠沛流离,饱尝了"安史之乱"的苦头。诗人想着想着,不知是为过去所遭受的苦难而痛心,还是为今天的喜事而高兴,两眼流出了滚滚的热泪。已是五十多岁的杜甫,此时不能自已,脱口唱出了《闻官军收河南河北》这首诗。"白日放歌须纵酒,青春作伴好还乡"就是这首诗中的名句。

赏析

这两句诗,写于平定"安史之乱"之时,诗人已届年高,本不宜纵酒高歌,却"放歌"、"纵酒",既表现出一种少年人的豪兴,也是诗人愁怀顿失、心绪开爽的合理印证。置酒痛饮,曼声长歌,固然是喜。但鸟语花香、生机勃勃的春色,更使诗人翩然思归,急不可待。"青春作伴好还乡",借春光融和,作行程伴侣。这奇妙的想法,正表明诗人在天下欢庆之际,对祖国河山的无限赞美和向往。

白头搔更短,浑欲不胜簪

【名句】

bái tóu sāo gèng duǎn　hún yù bú shèng zān
白　头　搔　更　短①,浑　欲　不　胜　簪②。

【出典】
杜甫《春望》。

【注释】
①白头:白发。搔:用手抓搔。
②浑:简直。不胜簪:不能别发簪。

【译文】
我满头白发越搔越稀少,稀少得简直插不上发簪。

【原作】
国破山河在,城春草木深。感时花溅泪,恨别鸟惊心。烽火连三月,家书抵万金。白头搔更短,浑欲不胜簪。

【作者小传】(见第4页)

唐朝天宝年间(755),安禄山勾结史思明在范阳发动叛乱。第二年六月,叛军攻下了军事重镇潼关,唐玄宗仓皇逃到四川。七月,唐肃宗在灵武即位。这时,逃难中的杜甫把家安顿在鄜州的羌村,准备去投奔唐肃宗李亨,于是他独自一人向灵武进发。

这天,他正随逃难的百姓匆匆赶路,突然,一队叛军迎面追来,也不知道叛军们怀疑他们中有唐朝的密探,还是要抓他们补充军队,把他们全部抓了起来,并押往叛军的一个营地,逐个进行审问。

当审问到杜甫时,他被带到一个叛军头目的住处。小头目打量杜甫,厉声问道:"你做过什么官?是什么人派你到这里来的?"

杜甫回答道:"我不是什么官,只不过是普通的老百姓,是个读书人,没有考中。"

小头目又问明了杜甫的籍贯姓名等情况,看他衣衫破旧,看上去却像五六十岁,又不能留在兵营充军打仗,便把他赶出了营地,其实这年杜甫才40岁出头儿。

杜甫回到了自己在杜陵的住处,每天出去找这里的老朋友,想和他们去灵武投奔唐肃宗,可战乱连年,人们漂泊不定,那些老朋友也不知都逃到了何处。因此他打算一个人逃离长安,然而京城的周围都被叛军密密麻麻地守卫着。

　　转眼春天便来了。有一天,杜甫终于有机会逃了出来,他望见战乱后的长安城残破不堪,四周都是荒芜的蒿草,听到鸟儿的悲鸣,引起了他的思乡之情,触景生情,于是他挥笔写下了《春望》这首五言律诗,而"白头搔更短,浑欲不胜簪"就是这首诗中的名句。

赏析

　　杜甫饱尝国破之痛、离别之苦,忧国忧民,满头的白发竟然连一根簪子都插不住了。这两句匠心独运,既不言志,也不抒情,而是自画肖像,从而形象地反映出自己极度的忧患愁苦的心情。

白也诗无敌,飘然思不群,
清新庾开府,俊逸鲍参军

【名句】

　　bái yě shī wú dí　piāo rán sī bù qún　qīng xīn yǔ kāi fǔ　jùn yì bào
　　白 也 诗 无 敌①,飘 然 思 不 群②。清 新 庾 开 府③,俊 逸 鲍
cān jūn
参 军④。

【出典】

　　杜甫《春日忆李白》。

【注释】

　　①也:语气助词,表示强调。
　　②思:才思。不群:不平凡,不同于一般人。
　　③庾开府:南北朝时诗人庾信。他曾在北周为骠骑大将军、开府仪同三司,所以称庾开府。

④俊逸：豪放飘逸。鲍参军：南北朝时诗人鲍照。他在刘宋时曾任荆州前军参军，所以称鲍参军。

【译文】

李白写的诗天下无敌，那高超的才思超出了一切人。清新自然的词句可与庾信比美，豪放飘逸的风格可与鲍照并论。

【原作】

白也诗无敌，飘然思不群。清新庾开府，俊逸鲍参军。渭北春天树，江东日暮云。何时一樽酒，重与细论文？

【作者小传】（见第4页）

故事

唐玄宗天宝四年(745)秋，李白和杜甫在鲁郡石门东(今山东曲阜东北)分手了。当年，杜甫北归洛阳，前往长安。李白也南下，赴江东，漫游吴越。

杜甫是一位坦诚的诗人，他对李白抱有深厚的感情。杜甫又是一位谦虚的诗人，他与李白齐名，作品各有千秋，但他与李白却成了莫逆之交，他对李白非常钦佩，赞不绝口。在中国文学史上，真正大力称赞李白的人，杜甫是第一人。

天宝五年(746)春，杜甫在长安，与李白握别已有半年，他脑中经常浮现李白的音容笑貌，想起当初二人在一起喝酒吟诗，谈古论今的美好时光，思念之情像潮水一样涌来。有一天，他实在忍受不了感情的折磨，奋笔疾书，写下《春日忆李白》这首诗。"白也诗无敌，飘然思不群。清新庾开府，俊逸鲍参军"就是这首诗中的名句。

赏析

这是杜甫怀念李白的一首五言律诗。诗的开头两句"白也诗无敌，飘然思

不群"，是对李白诗歌的整体评价。诗人以饱含激情的笔调，热情地赞美李白的诗"无敌"，才思"不群"。"清新庾开府，俊逸鲍参军"这两句，以南北朝时著名诗人庾信、鲍照作比，具体地赞颂李白诗歌清新俊逸的艺术风格。李白的诗歌远远超过庾信、鲍照两位前辈，杜甫以两人之长赞美李白，更显出李白诗的不同凡响。

不知细叶谁裁出，二月春风似剪刀

【名句】

bù zhī xì yè shéi cái chū　èr yuè chūn fēng sì jiǎn dāo
不　知　细　叶　谁　裁　出①，二　月　春　风　似　剪　刀②。

【出典】

贺知章《咏柳》。

【注释】

①细叶：细的柳树叶。裁：剪裁。
②似剪刀：像一把剪刀。

【译文】

不知那细细的柳叶是谁裁出来的，原来二月的春风好似巧匠手中的剪刀。

【原作】

碧玉妆成一树高，万条垂下绿丝绦。不知细叶谁裁出，二月春风似剪刀。

【作者小传】

贺知章(659~约744)，字季真，一说字维摩，晚年自号"四明狂客"，越州永兴(今浙江萧山)人。武后证圣元年(695)进士及第，历任国子四门博士、太常博士、丽正殿修书、集贤院学士，迁礼部、工部侍郎，太子宾客，秘书监。天宝三载(744)上疏请度为道士，玄宗"命六卿庶尹大夫供帐青门"以送之(李隆基《送贺知章归四明诗·序》)，遂归越，旋卒。为人旷达放诞，好饮酒，与李白友善。与张旭、包融、张若虚合称"吴中四士"。善章草、隶书，风格"怪逸、真率"(《宣和书

谱》)。诗风则"外示惊俗之貌,内藏达人之度"(皎然《诗式》)。《咏柳》、《回乡偶书二首》最为后人传诵。后人辑有《贺秘监集》。

故事

唐代著名诗人贺知章从公元695年考中进士,直到公元744年辞官回乡,其间的仕途比较顺利,没有经过大的人生挫折的打击。加上他生性旷达豪放,不拘小节,所以,在现实生活中过得很愉快,他热爱生活,生活也没有亏待他。他是一个很乐观的人。

他热爱大自然,对大自然的美非常敏感。生活的顺利和舒适,更使他总以一种轻松愉快的目光,看待大自然中的一草一木。

有一年二月,春风送暖,万物复苏,明媚的春光使人心旷神怡。这时候,贺知章来到郊外的原野上,喜悦地欣赏着春天的美好景色。

这时候,映入诗人眼帘的是一片葱葱绿绿。路边的杨柳,特别引起诗人的注意。春天来了,柳树披上了一身新绿,在春光映照下亭亭玉立。那细细的柳条,随风摇曳,婆娑起舞,就像少女裙上的丝带一样;那刚刚生长出来的嫩叶纤细秀丽,清新淡雅,分外惹人喜爱。此时,诗人贺知章突发奇想:这纤细的柳叶到底是谁裁出来的呢?这时他自问自答:是二月春风这把剪刀,裁制出嫩绿鲜红的花花草草,给大地换上了美丽的新妆。于是,诗人陶醉了,满怀喜悦的心情,挥笔写了这首《咏柳》诗,"不知细叶谁裁出,二月春风似剪刀"就是这首诗中的名句。

这天,诗人贺知章是早晨出来游赏的。生气盎然的春色,使他不忍回去,一玩就是一整天,到太阳落山的时候他才回家。这时,他才记起误了朋友的午宴!

赏 析
shang xi

这首诗的三、四句,尤其是最后一句,是千古传诵的佳句。一问一答,问得新奇,出人意料,答得巧妙,入情入理,意趣盎然,生动贴切。能启发人们对大自然的美好遐想和热爱,韵味悠长,令人神志爽朗,充满活力。诗中的一个"裁"字,突出了柳叶的精巧优美,诗意盎然,一个"似"字,恰到好处地表现了春风的神奇,把不可捉摸的春风,写得可感可触,传神形象。

不才明主弃，多病故人疏

【名句】

bù cái míng zhǔ qì　duō bìng gù rén shū
不 才 明 主 弃①，多 病 故 人 疏②。

【出典】

孟浩然《岁暮归南山》。

【注释】

①不才：没有才能。常用作"我"的谦称。明主：英明的君王。
②故人：指老朋友。

【译文】

由于自己没有真才实学，因此，圣明的君主就不重用我，因为自己体弱多病，旧时的好友，也逐渐疏远我了。

【原作】

北阙休上书，南山归敝庐。不才明主弃，多病故人疏。白发催年老，青阳逼岁除。永怀愁不寐，松月夜窗虚。

【作者小传】

孟浩然(689~740)，字浩然，襄州襄阳(今属湖北)人。开元二十八年，王昌龄游襄阳，访之，相得甚欢，食鲜疾动，病卒。为盛唐山水田园诗派之代表诗人。诗擅长五言，与王维齐名，并称"王孟"。李白曾盛赞其"红颜弃轩冕，白首卧松云"(《赠孟浩然》)之高节。虽长期遁迹山林，实怀经济之志，不甘寂寞。故其诗虽多以山水景物、田园风光为题材，仍充满对自然及现实人生之依恋，情调健康明朗，语言朴素清新，长于景物描绘、气氛渲染，创造出兴象玲珑、自然浑成之完美意境。故杜甫赞其"清诗句句尽堪传"(《解闷》)，"往往凌鲍谢"(《遣兴》)。皮日休称其"遇思入境，不钩奇抉异"，"若公输氏当巧而不巧者"，然"可与古人争胜毫厘"(《郢州孟亭记》)。《夏日南亭怀辛大》、《秋登万山寄张五》、

《夜归鹿门歌》《与诸子登岘山》等诗均为传世名作,《春晓》《宿建德江》《过故人庄》传诵尤广。有《孟浩然诗集》。

故事

唐朝诗人、尚书右丞王维派人去请诗友孟浩然到家里谈诗。孟浩然对来人说:"请转告相爷,我考试不中,心情不好,改日再去拜访。"来人走后,孟浩然长叹一声,倒在床上,迷迷糊糊地睡去了……

40岁的孟浩然已经很有一些诗名了,可是却考不上进士,这是什么原因呢?他觉得自己的才学还不够,又觉得皇上并不识才,再想想朋友们也没有尽力推荐自己。唉!头发都快白啦,还没有考上一官半职,一切都是空虚的,静静的夜是那么空虚,前途是那么空虚!一觉醒来,天已快黑了。孟浩然抓起笔,有感而发,飞快地写出了这首《岁暮归南山》,其中有两句是"不才明主弃,多病故人疏"。诗句充满委屈不满的情感。

第二天,孟浩然去向王维告别。王维见他来访,十分高兴:"昨天请你不来,今天不请自到。哈哈,心情好了吗?"孟浩然苦笑了一下,便跟着王维进了书房,两人谈起各自新写的诗作。这时,家仆来报:"皇上驾到。"孟浩然吓得不知所措,连忙钻到王维休息的小床底下躲起来。唐明皇一脚跨进屋里,已经察觉这有趣的事儿,便对王维说:"你请了哪位客人呀?出来见见吧。"孟浩然只好狼狈地爬出来,唐明皇笑着说:"王右丞的朋友一定会做诗,我想听听好诗。"孟浩然心一横,就把昨夜吟的那首满腹委屈的诗念了一遍。唐明皇听罢,把脸一沉,说:"什么'不才明主弃',你自己考不中,还说我抛弃你,真是岂有此理!"

孟浩然终于一生不得志。

赏析

作者写这首诗时,应试落第,颇有怀才不遇、郁郁不得志的感慨。"不才明主弃"实际上是一种牢骚,只是说得比较委婉,把被抛弃的原因归结为自己的不才。"多病故人疏"则多用来感叹人们趋炎附势,巴结权贵。

不知何处吹芦管，一夜征人尽望乡

【名句】

bù zhī hé chù chuī lú guǎn, yí yè zhēng rén jìn wàng xiāng
不知何处吹芦管①，一夜征人尽望乡②。

【出典】

李益《夜上受降城闻笛》。

【注释】

①芦管：用芦荻管制成的笛管，这里指笛。
②征人：驻守边地的士兵。

【译文】

不知在何处吹起悲凉的芦笛，整夜里出征人都在思念家乡。

【原作】

回乐峰前沙似雪，受降城外月如霜。不知何处吹芦管，一夜征人尽望乡。

【作者小传】

李益(748~约829)，字君虞，陇西姑臧(今甘肃武威)人。很早就以诗歌著名，诗歌题材广泛，以边塞诗最佳。自云"从事十八载，五在兵间，故为文咸多军旅之思"(《从军诗序》)。各体皆工，尤擅七绝。明胡应麟认为他"可与太白、龙标竞爽"。《征人歌》、《塞下曲》、《夜上受降城闻笛》、《过五原胡儿饮马泉》等最为传诵。著有《李益集》(又名《李君虞诗集》)。

李益是中唐的著名诗人，曾被当时人称为"文章李益"，他每写成一首诗，教场的乐工就以重金求取，作为歌词谱成曲演唱，可见他的诗名是多么大。

唐德宗建中元年(780),李益进入朔方(治所在今宁夏灵武)节度使崔宁的幕府,开始了他的从军生涯。诗人曾随崔宁在北方巡行,到过许多地方,有机会对边塞生活进行深入了解,理解长期驻守边塞的士兵的心理。有一次,诗人巡行到受降城,在一天夜里登上受降城。月光下的边塞,苍苍茫茫,一片弥漫,分不清是沙是雪,是月是霜,突然不知从哪里传来了阵阵幽怨的芦笛声,打破了黑夜的沉寂。原来是那些久久戍边的战士们,用芦笛来倾诉对故乡的思念。令人深有感触,回到客舍写下了《夜上受降城闻笛》诗,"不知何处吹芦管,一夜征人尽望乡"就是这首诗中的名句。

　　这首诗一经写出,就得到了人们的高度评价。当时就将此诗谱入弦管,天下传唱,还按诗的意境绘成画。明代王世贞说:"绝句李益为胜,回乐烽一章,何必王龙标(昌龄)、李供奉(白)?"明代胡应麟把它誉为中唐绝句之"冠";清代沈德潜称它为"绝唱"。前人对此诗的评价之高,可想而知。

赏　析

　　这是一首征人思乡诗。诗中的两句名句,突出征人一直沉浸在思乡的感情激流中,写出其思乡之深、之多、之烈。诗人十分准确地把握征人的心理,描写尽情细致入微,景、声、情三者巧妙地融为一体。声能倾泻征人的内心情感,情则显得无比深沉而强烈。意象单纯鲜明,意蕴深厚繁富。意境高远,风格自然,语言精练,音节响亮,含蓄蕴藉,确是唐代边塞诗的绝唱。

长安一片月,万户捣衣声

【名句】

cháng ān yí piàn yuè　wàn hù dǎo yī shēng
长　安 一 片 月①,万 户 捣 衣 声②。

【出典】

李白《子夜吴歌》。

【注释】

①长安:唐朝都城。
②捣衣:洗衣时用木杵在砧石上捶打。

【译文】

长安城洒照着一片月光,千家万户传来捣衣的砧声。

【原作】

长安一片月,万户捣衣声。秋风吹不尽,总是玉关情。何日平胡虏,良人罢远征?

【作者小传】(见第2页)

故事

唐代边塞战争频繁,许多男子都被征发到边境上作战或戍守,常常多年不归,他们的妻子过着孤独而悲苦的生活。

唐玄宗开元年间,皇宫里的宫女为边塞战士缝制军衣。有一位士兵,在短袍中发现了一首诗。诗是这样的:"沙场征戍客,寒苦若为眠!战袍经手作,知落阿谁边?蓄意多添线,含情更着绵。今生已过也,重结后生缘。"大致意思是:"沙场上的将士们,生活多么寒苦。我亲手制作的战袍,不知会落到谁的手里?我饱含柔情密意,添线缝衣。今生没有机会相见,只待来世结为夫妻。"

士兵得诗后,立即报告将军,将军又把这首诗呈给皇上。

唐玄宗看到了诗,便把六宫的宫女妃嫔召集起来,让她们传阅这首诗,并说:"哪个写的,不要隐瞒,我不会怪罪。"

有一年轻宫女闻言跪下,连说罪该万死,说诗是她写的。

唐玄宗心中立刻涌起了一股怜悯之情,说:"我满足你的心愿,让你出宫,去结今生缘吧!"于是,让这位宫女和那得诗的士兵结为夫妻。所有的人都感动得流下眼泪。

李白听到这个动人的故事后有所感触,他又看到这年秋天,万物凋零,草木衰败,秋风送砧声绵绵不绝。他想到闺中妇人对远人的关切和思念,当时正是赶制冬衣的时候。

李白为了抒写当时征人的妻子对丈夫的深切思念,表达对和平生活的渴望,于是挥笔写了《子夜吴歌》这首诗,而"长安一片月,万户捣衣声"便是这首诗中的名句。

赏析

这两句诗写自然之景,兴孤栖忆远之情,景中含情,情景交融,秋月皎洁,最能诱发见月怀人的情思。在这明朗的月夜,思妇们正在赶缝寒衣,整个长安城,捣衣声此起彼伏,不绝于耳。捣衣声中,蕴藏着思妇们多少柔情厚意。诗中的"一片"和"万户"写光写声,似对非对,措语天然,而有韵味。

长风破浪会有时,直挂云帆济沧海

【名句】

cháng fēng pò làng huì yǒu shí　zhí guà yún fān jì cāng hǎi
长　风　破　浪　会　有　时①,直　挂　云　帆　济　沧　海②!

【出典】

李白《行路难三首(其一)》。

【注释】

①长风破浪:形容施展抱负。会:当。
②云帆:像白云般的船帆。济:渡。沧海:泛指大海。

【译文】

肯定有那么一天,我乘长风破万里浪,挂上云帆横渡大海,到达理想的彼岸。

【原作】

金樽清酒斗十千,玉盘珍羞直万钱。停杯投箸不能食,拔剑四顾心茫然。欲渡黄河冰塞川,将登太行雪满山。闲来垂钓碧溪上,忽复乘舟梦日边。行路难,行路难,多歧路,今安在?长风破浪会有时,直挂云帆济沧海!

【作者小传】(见第2页)

唐玄宗天宝元年(742),李白受到友人的推荐,被召入京,担任一个供奉翰林的闲职。

天宝三年,他终因宦官高力士、驸马张垍和杨贵妃等人的谗毁,被迫离开长安。屈辱的两年过去了,在这即将离开长安的时刻,朋友们设宴为他饯行。

长安两年留给他的尽是打击、愤懑和不平。诗人常常感到孤独寂寞,而眼

前的融融友情,深深地打动感染了他。诗人是纯情的,他的心被友谊的蜜充溢着,多么温暖而甜蜜。离别是多么令人神伤。

酒席摆好了,尽是美味佳肴,还有李白特别嗜好的酒。"也许今后没有见面的机会了,"李白想,"应该给朋友们留下一点儿纪念。"于是,诗人告诉朋友们,他将即席赋诗,给他们留作永远的回忆。朋友们拍手叫好,有的人高兴得跳了起来,有的人情不自禁地哼起了已经谱过曲的李白诗。

看着眼前丰盛的酒席,李白的眼睛湿润了。朋友们手头并不宽裕啊。他想,今天一定要一醉方休,以酬众人深情。突然,他举到空中的酒杯停住不动了,慢慢地放下酒杯,筷子也扔下了。他想起了自己的遭遇,抱负远大却不能实现,才华横溢不但得不到重用,反而惨遭诋毁,所有的理想几乎都成了泡影。真想到野外没有人的地方放声大哭一场。他抑制住内心的悲哀,迅速拔出腰间的佩剑,舞啊舞啊,到头来变得神情呆滞,显出无所适从的样子。

朋友们都来劝他。他终于又一次坐下了。唉,人生的艰难何止我遇到的?想要渡黄河而厚冰堵塞,想要登太行而风雪满天。这种现象在自然界中,在现实生活中见得太多太多了,岂能奇怪?人总有时来运转的时候,姜尚90岁垂钓,才遇到文王;伊尹在受商汤聘请前只能做乘舟绕日月的美梦。姜尚、伊尹他们难道预见自己会得到重用吗?

想到这儿,李白脸上的愁云逐渐散去,露出他固有的乐观而又自信的神色。

他虽然是一位感情强烈的诗人,但过多的打击和挫折,使他慢慢学会了冷静地看待现实。是啊,人生的道路是艰难曲折的,岔路弯道很多,有时竟不知路在哪里。

朋友们都为他的振作高兴。事实上,他对自己的前途充满了自信,政治抱负的实现总有到来的时候。到那时乘风破浪的艰辛和乐趣只有我自己知道。

李白的精神立即昂扬起来,与朋友们在酒席上谈笑着,似乎并没有发生刚才的不快。酒喝多了,有点儿飘飘然,他提起笔一挥而就,写出了自己刚才的心灵变化和心理感受。呈现在朋友们面前的是这首《行路难三首(其一)》;"长风破浪会有时,直挂云帆济沧海",就是这首诗中的名句。

赏析

诗人写这首诗时,由于在朝廷里受到同列者的嫉妒、诽谤和排挤,自知不为当权者容,于是愤然辞别朝廷而去。这两句诗也正是写出了作者的坚定信

念:我一定会越过大海,到彼岸寻得一片光明的地方。这虽然是诗人的空想,但却仍然鼓舞着世世代代的人们去上下求索。现在,人们常以此比喻人生道路虽然曲折,但理想终会实现。

沉舟侧畔千帆过,病树前头万木春

【名句】

chén zhōu cè pàn qiān fān guò, bìng shù qián tóu wàn mù chūn
沉 舟 侧 畔 千 帆 过①,病 树 前 头 万 木 春②。

【出典】

刘禹锡《酬乐天扬州初逢席上见赠》。

【注释】

①侧畔:旁边。
②万木春:树木焕发出春天的生机。

【译文】

在沉船的旁边,成千的船只飞驰而过,在病树的前头,成万的树木在春天里生长。

【原作】

巴山楚水凄凉地,二十三年弃置身。怀旧空吟闻笛赋,到乡翻似烂柯人。沉舟侧畔千帆过,病树前头万木春。今日听君歌一曲,暂凭杯酒长精神。

【作者小传】

刘禹锡(772~842),字梦得,洛阳(今河南省洛阳市)人。幼年居住嘉兴、湖州,永贞元年(805),擢屯田员外郎,判度支盐铁,参与革新。宪宗立,贬连州刺史,又贬朗州司马。元和十年(815)还京,因作诗语涉讥刺,贬连州刺史,历夔、和二州刺史。大和初,入朝为主客、礼部郎中,充集贤直学士,复出为苏、汝、同三州刺史。开成元年(836),以太子宾客分司东都,世称刘宾客。与柳宗元交谊最笃,世称"刘柳"。又与白居易并称"刘白"。其诗各体均擅,多反映时事政治及

怀古感兴之作。题材广阔，感情充沛，流畅自然。既富锐意进取精神，又具隽永哲理意味，刚健豪宕，雄浑老苍，故白居易目之为"诗豪"。明胡震亨亦谓其"气该今古，词总华实，运用似无甚过人，却都惬人意，语语可歌，真才情之最豪者"（《唐音癸签》）。《飞鸢操》、《西塞山怀古》、《金陵五题》、《始闻秋风》、《秋词》等诗均为传世名作。学习民歌所作《竹枝词》等，深得南朝乐府神髓，宋黄庭坚评为"词意高妙，元和间诚可以独步"，苏轼叹为"奔轶绝尘，不可追也"（《苕溪渔隐丛话》引）。于后世有广泛影响。散文长于说理，《天伦》、《因论》为其代表作。有《刘禹锡集》、《刘梦得文集》（又名《刘宾客文集》）行世。

诗人刘禹锡由于参加王叔文领导的政治改革，于唐顺宗永贞元年(805)贬为朗州(今湖南常德)司马，在此后漫长的岁月里，他一直在朗州、连州、夔州、和州任职。

唐敬宗宝历二年(826)，刘禹锡在和州(今安徽和县)刺史任上，接到朝廷命令，叫他回归洛阳，他先去秣陵(今江苏南京)游览了几天，然后又去扬州。这时，诗人白居易因病罢苏州刺史，回洛阳途中也来到扬州。两位著名诗人、知交好友终于相见，禁不住悲喜交加，感慨万端。

两人在酒楼里摆了酒筵，边饮边谈，相对感叹。白居易拿起筷子敲打菜盘，即兴赋诗一首：《醉赠刘二十八使君》。诗中说："为我引杯添酒饮，与君把箸击盘歌。诗称国手徒为尔，命压人头不奈何。举眼风光长寂寞，满朝官职独蹉跎。亦知合被才名折，二十三年折太多。"诗的意思是：请为我酒杯里斟满酒，我要痛饮一番，用筷子敲打盘子，我为你唱一曲歌。你的诗可称为国中好手，但有什么用？命运压到你头上，却无可奈何。举目四望，风光美好，但您孤零零过着寂寞生活；满朝人都升了官，而你却如此坎坷。我知道，你诗才太高名声太大，这样就遭到了意想不到的磨难；这太多的磨难一直持续了二十三年哪。白居易在赞美安慰中，更多地流露了无奈消沉的情绪，有着寂寞惆怅的感情色彩。虽然感情真挚动人，但耿耿于个人的得失感慨，终不免境浅，而情调又过于低沉。

刘禹锡读了白居易的诗后，百感交集，于是写了《酬乐天扬州初逢席上见赠》来酬答。而"沉舟侧畔千帆过，病树前头万木春"便是这首诗中的名句。

赏析

诗人写这首诗时,是在贬官二十三年后,又奉旨进见,途经扬州而写的,心中颇多感慨。用"沉舟"与"病树"自比,别人都像"千帆"与"万木"一样,轻云直上,而自己却一直流放,不受重用。

现今,这两句诗多用来比喻在自然和社会发展中,没落、腐朽事物的存在不足为奇,丝毫不能阻挡历史车轮的前进;进步的、新生的事物是在没落、腐朽的废墟旁蓬勃发展起来的。

抽刀断水水更流,举杯消愁愁更愁

【名句】

chōu dāo duàn shuǐ shuǐ gèng liú　jǔ bēi xiāo chóu chóu gèng chóu
抽 刀 断 水 水 更 流①,举 杯 消 愁 愁 更 愁②。

【出典】

李白《宣州谢朓楼饯别校书叔云》。

【注释】

①断水:截断流水。
②举杯消愁:举起酒杯,以酒解愁。

【译文】

烦忧奔涌抽刀断水水更流,愁思郁积举杯消愁愁更愁。

【原作】

弃我去者昨日之日不可留,乱我心者今日之日多烦忧。长风万里送秋雁,对此可以酣高楼。蓬莱文章建安骨,中间小谢又清发。俱怀逸兴壮思飞,欲上青天览明月。抽刀断水水更流,举杯消愁愁更愁。人生在世不称意,明朝散发弄扁舟。

【作者小传】(见第 2 页)

大诗人李白不论在什么处境下，都与酒结下了不解之缘，高兴时借酒助兴，失意时借酒浇愁。

李白在长安时，留下了不少轶事。他被唐玄宗封为翰林供奉后，无非是写写文告，以文学词章为君王点缀点缀，平时没有什么公务，为了排愁解闷，他经常与贺知章等一些朋友出去饮酒吟诗。

有一天，宫中牡丹盛开，唐玄宗和杨贵妃在沉香亭前赏花，并命李龟年带领十六名水平最高的梨园弟子奏乐唱歌。乐师们各执乐器，正准备演奏，唐玄宗说："对着美丽的牡丹，漂亮的贵妃，怎么能唱旧歌词呢？这样吧，还是把李白请来，让他填新词吧！"

李龟年不敢怠慢，带了几个内侍，匆匆赶到翰林院，可翰林院人说："李白一大早就出去喝酒了！"李龟年找遍了长安街上有名的酒楼，终于找到了李白。这时，李白已喝得酩酊大醉。

李龟年走上前去，大声宣诵："奉皇上旨意，宣李学士立刻去沉香亭见驾！"

李白微睁醉眼，半理不睬，口中念念有词："我醉欲眠卿且去！"说完，便睡着了。

李龟年无奈，只好叫随从们七手八脚把李白抬下楼，扶上马背，送到沉香亭前。

唐玄宗看到李白醉得像一堆烂泥，便命人在地上铺了一块毛毯，让李白睡在上面，并亲自用袖子擦去李白口角的涎水；又吩咐端来醒酒汤，让李白喝下。杨贵妃说："我听说冷水喷面可以解酒。"于是，当时著名的歌唱家念奴含了一口水，喷到李白脸上，李白才从醉梦中惊醒。

唐玄宗、杨贵妃、李白等人来到牡丹花前，李白脸露笑容，一挥而就，写下了三首著名的《清平调》：

云想衣裳花想容，春风拂槛露花浓。
若非群玉山头见，会向瑶台月下逢。

一枝红艳露凝香，云雨巫山枉断肠。
借问汉宫谁得似，可怜飞燕倚新妆。

31

名花倾国两相欢,长得君王带笑看。
解释春风无限恨,沉香亭北倚栏杆。

　　唐玄宗看歌词美丽流畅,称赞不已,立即叫李龟年配曲演唱。唐玄宗也情不自禁,拿起玉笛,倚声伴奏。

　　后来,高力士为解脱靴之耻(故事见第3页),以这三首《清平调》诬陷李白,李白终于得不到重用,被放归山。

　　诗人从自己被放归山的遭遇中,看到了唐王朝的日益腐败,自己的抱负不能施展,理想难以实现,心中十分苦闷。天宝十二年(753)秋,李白游宣城,饯别族叔李云,在《宣州谢朓楼饯别校书叔云》诗中一吐郁闷。而"抽刀断水水更流,举杯消愁愁更愁"便是这首诗中的名句。

赏析

　　抽出宝刀来斩断流水,但水还在流;举起酒杯以酒解愁,岂知愁上加愁。刀不能"断水",酒亦不能遣愁。"水更流",意味"抽刀"之举无济于事;"愁更愁"表明"举杯"之心亦属徒劳。诗人用"抽刀断水"来比喻"举杯消愁",表现竭力改变现状、驱遣悲愁的奋斗抗争,可见现实黑暗之至,诗人悲愁之极。

出师未捷身先死,长使英雄泪满襟

【名句】

出师未捷身先死①,长使英雄泪满襟②。

【出典】

杜甫《蜀相》。

【注释】

①出师:出兵伐魏。身先死:蜀汉建兴十二年(234),诸葛亮率师伐魏,据

武功五丈原(今陕西郿县西南),与魏隔渭水相持百余日,胜负未决,却病死军中。

②长:永远。

【译文】

谁料到,出师伐魏,还未成功身先病死;千百年来,常使英雄志士泪满衣襟。

【原作】

丞相祠堂何处寻,锦官城外柏森森。映阶碧草自春色,隔叶黄鹂空好音。三顾频烦天下计,两朝开济老臣心。出师未捷身先死,长使英雄泪满襟。

【作者小传】(见第4页)

唐肃宗上元元年(760),杜甫寓居成都草堂。成都郊外有诸葛亮的祠庙。有一天,风和日丽,杜甫独自一人步出成都城外,走了一程路,路上见到一位老人,便走上前去问道:"请问武侯祠还有多少路?"

那老人向前一指说:"前面那座有许多茂密高大的柏树的院落就是武侯祠了。"

杜甫怀着兴奋的心情,加快步伐走到那里。武侯祠年久失修,游人稀少,虽然石阶旁碧绿的芳草,呈现着盎然的春色,藏在深密的树叶后面的黄鹂千啼百啭;那棵据说是诸葛亮种的柏树枝叶茂盛,葱葱郁郁,然而一丛丛的草色,一阵阵的莺声,更加显出这里的荒凉、寂寞。诗人徘徊在祠堂的庭庑间,遐想着诸葛亮的一生业绩:他辅佐刘备联合孙权,北抗曹操,西取刘璋,开创基业;后又辅佐刘禅,屡次出兵伐魏,希望统一天下。诗人仿佛听到诸葛亮向后主刘禅披露自己的一片忠心:"我本是一个普通的老百姓,在南阳地方耕种田地,只想在那动乱的年代勉强保全生命,没想过要在诸侯那里求什么名,得什么官,先皇帝(刘备)不因为我卑贱,三次亲自到我的草庐来访问,征询我对当时天下大事的意见,我万分感激,就答应为先皇帝出来奔走效劳。先皇帝在临终的时候,又把复兴汉朝的大事托付给我。自从接受遗诏以来,我日夜担忧慨叹,深怕不能把受托付的事情办好……"

这样想着,杜甫以深沉的感情吟了这首《蜀相》诗,"出师未捷身先死,长使

英雄泪满襟"就是这首诗中的名句。

赏析

诸葛亮一生雄才大略,对蜀汉忠心耿耿,鞠躬尽瘁,死而后已。无奈天不助人,他积劳成疾,出师未捷,却已先死,壮志未酬,遗恨千古,这是杜甫流英雄之泪的原因。"出师未捷身先死,长使英雄泪满襟。"其中既有对诸葛亮的赞颂,又有对他"出师未捷身先死"的惋惜,更有对丞相祠堂今已荒芜,人们对这样一位伟人已逐渐淡忘的感慨。

千百年来,使多少壮志未酬的英雄豪杰为之击节,为之长叹。据说宋代名将宗泽,有感于抗金救国大业未成而已衰老,临死前曾吟诵此两句名句而终。

锄禾日当午,汗滴禾下土。
谁知盘中餐,粒粒皆辛苦

【名句】

chú hé rì dāng wǔ　hàn dī hé xià tǔ　shéi zhī pán zhōng cān　lì lì jiē xīn
锄 禾 日 当 午①,汗 滴 禾 下 土②。谁 知 盘 中 餐③,粒粒皆辛
kǔ
苦④。

【出典】

李绅《悯农诗》。

【注释】

①锄禾:在谷物地里锄草。日当午:太阳正当中天,已到中午。
②禾:禾苗。
③餐:饭食。
④皆:都。

【译文】

锄禾锄到炎热的中午,汗珠滴进禾下的土地。谁知道碗中的米饭,粒粒都来自辛勤和劳苦。

【原作】

锄禾日当午,汗滴禾下土。谁知盘中餐,粒粒皆辛苦。

【作者小传】

李绅(772~846),字公垂,祖籍亳州谯县(今安徽亳州),后家于无锡(今属江苏)。与白居易、元稹交游甚密。《新题乐府二十首》(今已不传)为白、元所仿效,是中唐新乐府运动的倡导者。晚年自编诗集《追昔游诗》叙其平生游历,抒怀旧之情,发兴衰之感,颇有兴味。明胡震亨称其"揽笔写兴,曲备一生穷泰之感,亦令披卷者代为怃然"(《唐音癸签》)。其《悯农》二首为世传诵。著有《追昔游集》。

故事

唐朝诗人李绅从小没了父亲,和母亲相依为命。母亲让他读书识字,他很用功,学会了写诗。后来他要到长安去拜访名师,开阔眼界。母亲舍不得儿子离家,但她知道儿子是有出息的,她不能阻拦。

那一天,李绅告别母亲上路了。六月里的江南,太阳像个大火球,把大地烤得滚烫滚烫。路边池塘里,水牛泡在水中,只露出鼻孔喘气;树阴里,黄狗趴在地上,舌头伸得老长老长。稻田里,青春的秧苗长到半尺高了,农夫们光着脊背,弯着腰,两手在水中不停地摸索着拔去杂草,太阳晒得油黑的脊背闪闪发亮。这样辛勤劳动的情景,李绅早已熟悉了,可是他今天看得特别感动。"我要进城求学谋生,但我永远不忘农夫种田的辛苦。他们在烈日下耕作,多少汗水滴入泥土,才换来我们碗中的米饭呀!"

一路上,李绅把这情景写成了一首《悯农诗》:"锄禾日当午,汗滴禾下土。谁知盘中餐,粒粒皆辛苦。"他到长安后,他立即把这首诗送给老师、诗人吕温,请老师指教。吕温读了《悯农诗》后,十分激动,他赞扬李绅:"只有关心百姓疾苦的人,才写得出这样的诗。"

李绅的《悯农诗》被人们世代相传,尤其被用来教育少年儿童,要珍惜来之

不易的粮食。

赏析

　　这首诗一开始，描绘了农民头顶烈日，在田间辛勤劳作的情景。"日当午"，夏天的中午，正是天气最热的时候，而农民仍然在田里给禾苗锄草、松土。"汗滴禾下土"，通过具体的细节，描写锄草的农民累得满头大汗，汗水一滴滴地滴湿禾下的泥土。这使我们联想起，封建统治阶级的享乐生活，是千千万万个农民用血汗浇灌出来的。

　　"谁知盘中餐，粒粒皆辛苦"，这两句在我国可以说是家喻户晓，成为父母教育子女爱惜粮食的格言。这两句，凝聚了诗人对生活的真切感受，表达了对劳动人民的真挚同情。

床前明月光，疑是地上霜。
举头望明月，低头思故乡

【名句】

chuáng qián míng yuè guāng，yí shì dì shàng shuāng。jǔ tóu wàng míng yuè，dī tóu sī gù xiāng。
床　前　明　月　光，疑是地上　霜①。举　头　望　明月②，低头思故乡。

【出典】

李白《静夜思》。

【注释】

①疑：好像。
②举头：抬起头。

【译文】

　　床前洒满了明洁的月光，好像地上下了层白霜。抬头仰望空中的明月，低

下头思念起我的故乡。

【原作】
床前明月光,疑是地上霜。举头望明月,低头思故乡。

【作者小传】(见第 2 页)

故事

李白曾一人出远门,到处漫游,遍访求学。在外时间长久了,难免会有孤寂之感和思乡之情,尤其是在那寂静的长夜。

有一天深夜,李白一人孤独地躺在床上,可是,他夜长失眠,茅屋外是凉森森的秋天。这时,窗外月光明亮皎洁,一直照到了床前。朦胧之中,床前那片水银般的白色月光,真像地上的秋霜。这象征团圆的一轮明月,使大诗人李白无法入睡了,他索性坐了起来,抬头隔窗望着天上的明月。这时,那孤寂的寒月,撩起他无限的幽思、深切的思念,他不知不觉地低下了头。依稀之中,仿佛见到了故乡的圆月、故乡的亲人。

这时候,月亮拨动了他乡游子的心弦,于是他借月怀乡,激情地写出了一首在静夜里思念故乡的诗——《静夜思》:"床前明月光,疑是地上霜。举头望明月,低头思故乡。"

赏析 shang xi

这是一首著名的思乡诗。全诗通俗浅显,但意境颇深,令人心动。

诗的前两句,月光如霜,在秋后的夜晚从天上泻下,造成了一种凄清孤独的意境,先声夺人。接下来两句,诗人以一个"举头望明月"的外在动作,唤起一个"低头思故乡"的心灵活动,刻画出一个流落他乡的游子秋夜难眠,望月思乡的凄冷心境。

春蚕到死丝方尽,蜡炬成灰泪始干

【名句】

chūn cán dào sǐ sī fāng jìn, là jù chéng huī lèi shǐ gān
春 蚕 到 死 丝 方 尽①,蜡 炬 成 灰 泪 始 干②。

【出典】

李商隐《无题》诗。

【注释】

①丝:双关相思的"思"。
②蜡炬:蜡烛。泪:燃烧流出来的油脂。

【译文】

春蚕只有到死的时候,吐丝才会停止,蜡烛只有烧成灰的时候,蜡泪才会流干。

【原作】

相见时难别亦难,东风无力百花残。春蚕到死丝方尽,蜡炬成灰泪始干。晓镜但愁云鬓改,夜吟应觉月光寒。蓬山此去无多路,青鸟殷勤为探看。

【作者小传】

李商隐(约813~约858),字义山,号玉谿生,怀州河内(今河南沁阳县)人。开成二年(837)进士,授秘书省校书郎,补宏农尉。年轻时即以文才受令狐楚的赏识,可是李商隐却与泾源节度使王茂元之女结婚。当时牛李党争正在尖锐时期,令狐楚是牛党,王茂元则是与李党有关。宣宗即位以后,牛党当权,令狐楚儿子当了宰相,打击一切与李党有关的人,从此李商隐一直被压抑而抬不起头;几次到长安活动,只补得了一个太常博士。最后死于荥阳,年仅47岁。

李商隐是唐朝一位有着独特成就,对后世产生过巨大影响而大家的评价又极为分歧的诗人。他的诗,有的是直接对时事政治表示态度的;有的是托古讽今,歌咏历史题材;有的是抒写友朋生死之情的;有的是感伤身世之作。而人

们最熟悉的则是他的爱情诗。这些异常复杂的内容，又几乎都是和他的身世遭遇有着密切的联系。

李商隐是晚唐诗坛的一颗明星。他的多愁善感和繁博的事象及复杂的意念，在他的诗里往往是避实就虚，透过一种象征手法被表现出来。这种象征手法建筑在丰富而美妙的想像的基础上，因而他笔下的意象，有时如七宝流苏那样缤纷绮彩；有时像流云走月那样的活泼空明，给人以强烈的美感。他的近体诗，尤其是七律更有独特的风格，绣织丽字，镶嵌典故，包藏细密，意境朦胧，对诗的艺术形式发展有重大贡献。

擅七言律绝，《无题》、《锦瑟》为代表作。有《玉谿生诗》。

公元834年，李商隐因为生病，没有参加进士科考试，便随着他的重表叔崔戎来到兖州(今山东兖州西)。崔戎是兖州观察使，李商隐便在他手下供职。

这一年春天，李商隐赴兖州前，曾到过东都洛阳。一个偶然的机会，23岁的李商隐和一个名叫柳枝的姑娘相识。柳枝是商人的女儿，当时才17岁。她的父亲出门经商时，遇到风浪，死于湖上，她很孤苦。柳枝容颜美丽，性情活泼，而且喜欢吹笛，声音婉转动人。

李商隐的堂弟叫让山，与柳枝是邻居。一次，让山在柳枝家南边的柳树下，正在摇头晃脑地朗诵李商隐的爱情诗《燕台》四首。优美的诗篇立即感动了柳枝。她惊诧地问："是哪个诗人的作品？这诗是谁写的？"让山回答说："是我的堂哥李商隐。"柳枝一听大喜，就拉断长带作了一个结，托让山转赠，并向李商隐索要诗作。

第二天，李商隐便和她相见了。两人一见，谈得很投机。柳枝不但活泼聪明，而且对诗歌有浓厚的兴趣，李商隐一下子便喜欢上了她。两人产生了爱情。

后来，李商隐的朋友故意开玩笑，把他的行装悄悄随身带走，他只得离开洛阳。

不久，不幸的事发生了。柳枝被贵人夺取做妾，让山把这个消息告诉了李商隐。李商隐悲痛万分，满腔相思深深地折磨着他。

一直到晚年追忆往事时，诗人无可奈何，为了表达对柳枝的思念，于是写了这首《无题》诗。而"春蚕到死丝方尽，蜡炬成灰泪始干"便是这首诗中的千古名句。

赏析

李商隐有一部分《无题》诗,意思隐晦。所指何意,历来众说纷纭。一般认为本诗是写爱情的。"春蚕到死丝方尽,蜡炬成灰泪始干。"这两句以谐音双关、比喻象征的艺术手法,极写相思之苦。春蚕吐"丝"真到死亡才休止,蜡烛烧干了才肯化为灰烬,感情何其缠绵,何其沉痛,何等的感人肺腑!

现在,这两句诗多用来赞美人们为了他人的利益,不惜牺牲个人;对所追求的美好事物,鞠躬尽瘁,死而后已。只能用于褒义,赞美为人景仰、歌颂的人物。

春潮带雨晚来急,野渡无人舟自横

【名句】

chūn cháo dài yǔ wǎn lái jí　yě dù wú rén zhōu zì héng
春　潮　带雨晚　来急①,野渡无人　舟自　横②。

【出典】

韦应物《滁州西涧》。

【注释】

①春潮:春天的潮水。
②野渡:郊野的渡口。

【译文】

春潮夹带着急雨在傍晚时袭来,野渡无人只有空船在随意飘流。

【原作】

独怜幽草涧边生,上有黄鹂深树鸣。春潮带雨晚来急,野渡无人舟自横。

【作者小传】

韦应物(约735~约791),京兆万年(今陕西西安)人。他的生活道路颇为曲折。他少年狂放不检的生活在晚年写的《逢杨开府》等诗曾有所回忆,中年以后,思想性格有较大的变化。从他多数的诗篇来看,他的思想是进步的。如《睢阳感怀》、《经函谷关》等诗写"安史之乱",颇露壮怀。他在历任官职中都想努力做一个清廉刚直的地方官,并对民间疾苦经常表示关怀。他《杂体五首》的二、三两首,态度尤为鲜明。他的乐府诗和《采玉行》写被官府征逼在深山绝岭中采玉的劳动人民的痛苦,《夏冰歌》写凿冰人的辛劳,《长安道》、《贵游行》讽刺豪门贵族奢华享乐、醉生梦死的生活,都是白居易所说的"才丽之外,颇近兴讽"(《与元九书》)的作品。

韦应物的山水田园诗很多,过去批评家把陶、韦并称,王、孟、韦、柳并称都是根据这类诗歌。但是,他和王、孟毕竟不同。由于"身多疾病思田里,邑有流亡愧俸钱"(《寄李儋元锡》)的生活体验,他的田园诗并不仅仅是寄托洁身自好、乐天知命的思想,而且还流露对农民劳苦的关怀,如《观田家》。

故 事

唐德宗建中四年(783),韦应物由尚书比部员外郎出任滁州刺史。滁州,是个风景绮丽的地方,四周丛山环抱,郁郁苍翠。而滁州西涧,佳木繁阴,水声潺潺,风景优美。第二年春天,诗人来到滁州西涧,为了寄托他的情思和意绪,寄予山水,于是写了《滁州西涧》诗。而"春潮带雨晚来急,野渡无人舟自横"便是这首诗中的名句。

这首诗中的"野渡无人舟自横"使人们交口称赞。在宋代,有一次皇家画院考试,出的考试题就是"野渡无人舟自横"。很多画家都画一个荒凉的渡口,河中横着一条空船。只有一个画家细细体会全诗的意境,他在画上加了两只小鸟,一只站在船头,另一只向下飞,船头上的小鸟好像在招呼下飞的鸟。正是这两只鸟,点出诗中"无人"二字,这幅画夺得第一。

由于这首诗的影响,滁州西涧成了风景胜地,吸引着无数游客。

赏 析
shang xi

这两句名句,写春潮遇雨,写野渡横舟。"春潮带雨晚来急",那春潮带雨的宏大气势,巨大声响,在幽静的郊野上显得十分真切,以动写静,同时突出西涧

的特征。"野渡无人舟自横",是眼前之景。因为傍晚大雨潮涨,又因为渡口在郊外,所以"无人",所以"舟自横"。在这里,郊野渡口的景象如在眼前,诗人和读者一起置身于这奇妙而优美的图画中。

这两句名句,写出了一种动静结合、悠闲自在的境界,充满诗情画意。但其中隐含着一种怀才不遇,无所寄托的情调。后人常用这两句表达自己的无拘无束的生活追求。

春眠不觉晓,处处闻啼鸟

【名句】
chūn mián bù jué xiǎo chù chù wén tí niǎo
春 眠 不 觉 晓①,处 处 闻 啼 鸟②。

【出典】
孟浩然《春晓》。

【注释】
①晓:天亮。
②闻啼鸟:听到鸟儿的啼叫声。

【译文】
春天贪睡不觉天晓,处处响起鸟儿啼叫声。

【原作】
春眠不觉晓,处处闻啼鸟。夜来风雨声,花落知多少?

【作者小传】(见第20页)

孟浩然40岁时,到京城长安,考进士落第,没有做成官。后来,在江、浙一

带漫游了几年,重新回到了故乡。他虽然功名未就,壮志难酬,曾经痛苦失望过,但最终长期居住在乡下,过起了优哉游哉的日子。

　　孟浩然生活在封建社会较为升平的盛唐时代,他有自己的产业,一生没有经历过重大的社会变故,没有卷入尖锐的政治斗争,又长期居住在乡下,所以他不可能写出像杜甫那样的具有重大思想意义的诗篇来。但他的一些描写生活情趣的田园小诗,却令人爱不释手。

　　在一个春天的早晨,孟浩然起得很晚,不知不觉中天已大亮。他想起了春天的美好,想起了夜里的风雨声,又想起了园中的花草树木,更想起了自由自在的生活,于是脱口吟出了《春晓》这首精致的小诗。"春眠不觉晓,处处闻啼鸟"便是这首诗中的名句。

赏析

　　这是一首千古传唱不衰的佳作。"春眠不觉晓",写出了春晨"不觉而觉,不知不觉"这样一种人所共有的感觉经验,且那么精练准确。平常的语句反映了诗人不凡的感受力和表现力,故此句常被人们引用。"处处闻啼鸟"句中的"闻啼鸟",而且是"处处",渲染出户外的无限春光。春夜雨后初晴,必然是草鲜叶绿,花香鸟语。但诗人没有去描写那些繁富迷人的色彩和芬芳诱人的气息,而是轻运诗笔,录下一个个美妙的春的音符。鸟儿在雨后春晨自由歌唱,啁啾起落,悦耳动听。这是大自然的语言,是春之声。这句诗不仅是曲音乐,而且是幅图画,是一幅绝美的有声画!

慈母手中线,游子身上衣

【名句】

cí mǔ shǒu zhōng xiàn　yóu zǐ shēn shàng yī
慈 母 手 中 线,游 子 身 上 衣①。

【出典】

孟郊《游子吟》。

【注释】
①游子:远走他乡的孩子。

【译文】
慈爱的母亲用手中的丝线,为游子缝制身上的衣服。

【原作】
慈母手中线,游子身上衣。临行密密缝,意恐迟迟归。谁言寸草心,报得三春晖。

【作者小传】
孟郊(751~814),字东野,湖州武康(今浙江德清)人。少隐于嵩山,德宗贞元时的进士,曾任溧阳(今在江苏)县尉。孟郊为人耿介倔强,终生潦倒,故诗多寒苦之音。有《孟东野诗集》,今存诗400多首。中唐诗坛上,孟郊与韩愈齐名,为韩孟诗派开创者之一。诗风清奇,以"苦吟"著称,句格瘦硬,长于五言古诗。因诗风与贾岛近似,又有"郊寒岛瘦"之称。《秋怀》、《古别离》、《游终南山》、《寒地百姓吟》、《杏殇》等诗为其代表作,《游子吟》亦脍炙人口。今传《孟东野诗集》。

唐代诗人孟郊,字东野。他贫穷艰辛地奋斗了一生,直到50岁才中进士,做了江苏溧阳县尉这个官位很低的小官。他当然不把这样的小官放在心上,仍认真读书作诗,公务则有所荒废,县尉里的官老爷们对他十分不满。

孟郊上任后,时常思念年迈的老母亲。

这天晚上,明月当空,晚风轻拂。孟郊来到院外,望着家乡的方向,一种思乡的心情油然而生,他想起了母亲的抚育之恩,家中贫苦,在母亲最需要的时候,他却隐居河南嵩山,一家人的生计全靠母亲一人料理,又想起了十多年前他几次赴京考试,每次出门前,老母亲都在忙前忙后地为他准备行装。

他特别回忆起第三次进京应考出发的头天晚上,母亲坐在凳子上,借着油灯昏暗的光亮,一针一针地为他缝制衣服时的情景,母亲一边缝,一边小声念叨:"多缝几针,缝得密实一点儿才能结实耐穿,出门在外要多保重身体,要早点儿返回家,别让母亲在家惦记……"

望着操劳了一生的母亲,望着母亲那斑白的头发和苍白清瘦的脸庞,他的眼睛湿润了。他深深地感到:母亲是多么伟大而高尚,这种爱正像春天里太阳的光辉那样温暖、深厚!

想到这里,孟郊立刻回书房写下了这首世人传诵的名作——《游子吟》。而"慈母手中线,游子身上衣"就是这首诗中的名句。

赏析

世界上母爱是最伟大的,最无私的。正所谓"儿行千里母担忧",儿子的离去,对母亲来说实在是很难过的,她只能把自己的感情寄托在儿子的衣装上。这两句诗语言直白,却令人深受感动,是游子表达思母之情的常吟之句。

柴门闻犬吠,风雪夜归人

【名句】
chái mén wén quǎn fèi　fēng xuě yè guī rén
柴　门　闻　犬　吠①,风　雪　夜　归　人②。

【出典】
刘长卿《逢雪宿芙蓉山主人》。

【注释】
①柴门:篱笆制成的门。犬吠:狗叫。
②夜归人:夜中归来的主人。

【译文】
柴门外传来一阵狗叫声,原来是茅屋的主人顶着漫天风雪回家来了。

【原作】
日暮苍山远,天寒白屋贫。柴门闻犬吠,风雪夜归人。

【作者小传】

刘长卿(？~约789),字文房,宣城(今安徽宣州)人,祖籍河间(今属河北)。约贞元五年(789)或稍后一二年间卒。是唐大历、贞元间著名诗人,擅长五言,尝自谓"五言长城"。其诗多酬赠唱和,抒贬谪感慨、羁旅愁思,间有反映江南乱离之作。唐高仲武谓其"诗体虽不新奇,甚能炼饰,大抵十首以上,语意稍同,于落句尤甚,思锐才窄也"(《中兴间气集》)。明胡应麟称其诗"自成中唐与盛唐分道"(《诗薮》)。《余干旅舍》、《送灵澈上人》、《长沙过贾谊宅》、《逢雪宿芙蓉山主人》等诗为传世名作。有《刘随州集》(又名《刘文房集》)。

唐代宗大历四年(769),诗人刘长卿因为冒犯了当朝权贵,被迫离开了长安,扁舟南下,漂泊到湖湘间,过着浪迹四方的清苦日子。

这年冬天,天气冷得特别早。刚刚入冬,在北风的呼啸声中,漫天漫地刮起了大风雪。大风雪封锁了所有的道路,天寒地冻。诗人为生活所迫,只得拣了个晴天上路了。

在一个严冬的傍晚,天寒地暗,寒风凛冽,封门大雪又将来临。夕辉下,山峦重叠,巍巍苍苍。然而,那深绿如蓝的秋装,早已被严冬的朔风吹得无影无踪。漫山遍野,尽是一些秃枝枯藤,横亘百里,一片苍凉之色。在荒山小道上,诗人蜿蜒行进。这时,诗人的心情十分凄凉,漫长的道路,本来使他已经感到行程遥远,又眼看日暮,就更觉得远了;在山路回转的地方,有一所简陋的茅屋,本来已经使人感到境况贫穷,再时逢寒冬,就更显得贫穷。

就这样,诗人借住在这简陋的小茅屋里,深夜里,他已经熟睡,突然听到柴门外面传来了狗叫声,他猜想是茅屋的主人冒着风雪从外面回来了。

这时候,诗人对在风雪之夜借宿芙蓉山一家的见闻,深有感触,顿时诗兴大发,于是,脱口吟出了这首《逢雪宿芙蓉山主人》诗,"柴门闻犬吠,风雪夜归人"便是这首诗中的名句。

这首诗得到后世许多人的推崇。我国现代著名剧作家吴祖光,1942年写成了一部四幕话剧,题目叫《风雪夜归人》,曾引起当时社会的广泛注意。剧本的题目,就是刘长卿这首诗的最后一句,可见刘长卿诗歌的影响之深远。

赏析

　　天寒地冻,远山苍茫,显露出一股凄清、寂寥的韵味。在一片寂静中,突然听到犬吠声声,加速了投宿者的步伐,在风雪交加的夜晚,他叩响了芙蓉山主人的柴门,由犬吠声引来了敲门声,前者见诸文字,后者融于意境,一明一暗,一实一虚,使荒凉的山野充满了无限生机。

D

大漠孤烟直,长河落日圆

【名句】

dà mò gū yān zhí　　cháng hé luò rì yuán
大 漠 孤 烟 直①, 长 河 落 日 圆②。

【出典】

王维《使至塞上》。

【注释】

①大漠:沙漠。
②长河:泛指漠北大河。

【译文】

在浩瀚的沙漠上,烽火台的一股浓烟直立上升,在空旷的黄河边,落日是那样的红那样的圆。

【原作】

单车欲问边,属国过居延。征蓬出汉塞,归雁入胡天。大漠孤烟直,长河落日圆。萧关逢候骑,都护在燕然。

【作者小传】

王维(约701~761),字摩诘,蒲州(今山西省永济西)人。开元九年进士。曾一度奉使出塞,此外,大部分时间在朝任职,官至尚书右丞。有《王右丞集》。

王维的名和字都取自《维摩诘经》中的维摩诘居士,他一生过着亦官亦隐亦居士的生活。安禄山陷两京后,王维曾受伪官,是政治上的失节。

王维在诗歌上的成就是多方面的,无论边塞山水诗,无论律诗、绝句等都有流传人口的佳篇。他的边塞诗多能以慷慨激昂的情调,抒发将士为保卫疆土而献身的英雄气概。他的山水诗,继承了谢灵运的传统,却没有谢的晦涩堆砌的缺点,变化多彩,具有不同的风格与情调,描写了多种多样的自然景色,达到了很高的造诣。

故事

唐代诗人王维写景非常有特色,刻画细致,变化多端,具有独创风格,苏轼称他"诗中有画"。

开元二十五年(737),他奉命以监察御史身份,到凉州河西节度使府慰劳将士。在途中,他把所见景象写成了一首《使至塞上》诗,其中有两句说:

大漠孤烟直,长河落日圆。

这是写沙漠景色:在广大无边的沙漠中远远看去,边塞上用作军事联络信号的烽烟格外地直;傍晚落山的太阳倒映在大河之中,大大的、圆圆的,苍苍茫茫让人感到温暖和亲切。

这是人称"千古壮观"的名句,像曹雪芹这样的名家,也将这两句加上其他几句,一并写进了《红楼梦》第四十八回:

且说薛姨妈家的丫头香菱很想学诗,林黛玉便教她先把王维、杜甫、李白的诗读上几百首作底子,然后再把其他一些诗人的作品看一下,不用一年工夫,就不愁不是诗翁了。于是,香菱从黛玉那里借了王维的诗集,回房在灯下一首一首苦读起来。

过了些日子,香菱找黛玉去换杜甫的诗集。黛玉问她读后可领略了些滋味没有,叫香菱说给她听听。香菱笑道:

"据我看来,诗的好处,有口里说不出来的意思,想去却是逼真的。有似乎无理的,想去竟是有情有理的。"

黛玉笑道:"这话有了些意思,但不知你从何处见得?"

香菱笑道:"我看王维《使至塞上》一首,有一联说:'大漠孤烟

直,长河落日圆。'想来烟为何直,日自然是圆的。这'直'字似无理,'圆'字似太俗。合上书一想,倒像是见了这景似的。若说再找两个字换这两个,竟再找不出两个字来。"

赏析

诗人选取了边塞的四种典型景物进行描写。浩瀚的沙漠,笔直的孤烟,奔腾的大河,浑圆的落日,这四种景物最能反映边塞风光的特征,它们本身就能给人以雄伟、开阔的感觉。

名句中的"孤"字写出了景物的单调,"直"字,却又表现了它的劲拔、坚毅之美。落日,本来就容易给人以感伤的印象,这里用一个"圆"字,便有了一种浑圆、温暖和柔和的感觉。同时,孤烟与地平线垂直,天上的落日和长河中的日影又恰成对称的两个圆形,给人的印象是稳定、平静。正因为作者捕捉了最佳的瞬间景象,充分发挥了线条的表现功能,所以,短短十字,就勾画了一幅博大浑茫的边塞图景。

但使龙城飞将在,不教胡马度阴山

【名句】

dàn shǐ lóng chéng fēi jiàng zài　bú jiào hú mǎ dù yīn shān
但 使 龙 城 飞 将 在①,不 教 胡 马 度 阴 山②。

【出典】

王昌龄《出塞》。

【注释】

①龙城:指卢龙城(今属河北)。飞将:汉将李广。这里指扬威北方边地的名将。
②阴山:即今阴山山脉。

【译文】

只要是飞将军李广还在,决不会让敌骑越过阴山。

【原作】
秦时明月汉时关,万里长征人未还。但使龙城飞将在,不教胡马度阴山。

【作者小传】
王昌龄(约694~756),唐诗人,字少伯,京兆长安(今陕西西安)人。开元十五年(727),登进士第,授秘书省校书郎。开元末,获罪谪岭南,遇赦北归,为江宁丞。天宝中,贬龙标尉。安史乱起,避乱江淮,被濠州刺史闾丘晓所杀。世称"王江宁"或"王龙标"。诗长于七绝,以写边塞军旅生活最为出色,亦有宫怨闺情及送别之作。诗作兴象玲珑,意境超妙,含蓄蕴藉,盛唐时最负盛名,有"诗家夫子"、"七绝圣手"之称。代表作有《从军行》、《出塞》、《西宫春怨》、《长信秋词》、《闺怨》、《春宫曲》、《芙蓉楼送辛渐》等。后人辑有《王昌龄集》。

故事

唐玄宗时期,政治腐败,契丹、回纥等少数民族不时侵扰,边境战争不断。当时,由于朝廷处置失当,斗争失利,更加剧了边患。诗人王昌龄忧心忡忡,浮想联翩。当时,他守卫在边关,有一天夜里,明月高照,他想到秦汉时与匈奴在这里斗争取得的胜利,哀叹远离家乡的将士的困难生活。他从强秦盛汉筑关御敌的悠久历史中,自然而然地想到两汉的名将李广。那时候,汉代名将李广曾任右北平郡太守,勇敢善战,匈奴称他为"飞将军",不敢骚扰他守卫的地方。而当时朝廷未能平定边患,诗人希望有李广那样的名将出现。这时,一首极为精彩的杰作,在诗人王昌龄的脑海中诞生了,这就是有名的《出塞》诗,"但使龙城飞将在,不教胡马度阴山"就是这首诗中的名句。

赏析

这首诗中的两句名句,真实而又准确地反映了世世代代士兵们的热切愿望!被称为"飞将军"的李广,英勇善战,体恤士兵,因此威振边关,深得士兵爱戴。世世代代的士兵都盼望跟随这样的将军。长期不断的战争造成了生产力的破坏,造成了多少家破人亡的悲剧,回想起来是沉痛的。可悲的是,这样的战争还在继续,惨剧仍然不断发生!既然外族侵犯,战争不可避免,那么朝廷就应派像李广那样的名将来指挥。

实际上,这两句的深层意思是:作者对当时军事力量衰弱的不满,对国家太平的渴望。

待月西厢下,迎风户半开。
拂墙花影动,疑是玉人来

【名句】

待月西厢下,迎风户半开①。拂墙花影动,疑是玉人来②。

【出典】

元稹《会真记》。

【注释】

①户半开:房门半掩半开。
②玉人:心中思念的美人。

【译文】

站在西厢下等待月儿上升,轻风把门儿吹得半开。映在墙上的花影来回晃动,是我那可爱的情人来了吗?

【原作】

待月西厢下,迎风户半开。拂墙花影动,疑是玉人来。

【作者小传】

元稹(779~831),字微之,河南洛阳人。他生于长安,自幼丧父,家庭贫困,随母刻苦自学,15岁明经及第。唐宪宗时,举制科,封策第一,穆宗时,曾任宰相数月,后历任同州、赵州刺史,武昌军节度等职,大和五年,以暴疾卒于武昌任所,时年53岁。

元稹的一生,经历了德宗、顺宗、宪宗、穆宗、敬宗、文宗六个朝代。他与白居易是诗歌唱和的好友,也是新乐府运动的倡导者。他们的诗歌风格相近,世称元白。《田家词》、《织妇词》、《采珠行》等为其代表。《连昌宫词》融诗笔、议论于一体,为唐代叙事诗之名篇。五绝《行宫》,亦脍炙人口。其悼亡诗情感浓郁,真挚动人。艳诗则开晚唐闺情诗之先河。至其与白居易次韵之长篇排律,时人仿效,称为"元和体"。其文亦富艳流畅,《叙诗寄乐天书》、《唐故工部员外郎杜君墓系铭》为古代文论佳篇。传奇《莺莺传》为中唐爱情传奇之名作,于宋元戏曲影响甚巨。今传《元氏长庆集》。

故事

我国著名戏曲《西厢记》,是根据唐代诗人元稹写的传奇故事《莺莺传》改编的,而《莺莺传》实际上是元稹年轻时候的亲身经历。故事中的张生(君瑞)就是元稹自己,而莺莺小姐也实有其人。从她写的几首诗看,她称得上是唐代的女诗人。

唐朝德宗年间,有一个读书人张君瑞因外出旅行,住在蒲地的普救寺中。这时,有一个姓崔的贵官的孀妇回长安,路过蒲地,也住在寺中。

当时著名将军浑瑊在蒲地去世,他的部下乘丧扰乱抢劫。崔家既有钱财又带着年轻的女儿,因害怕被劫而惊惶得不知所措。幸好张生与蒲地的一位将军是好友,请来了一些军队加以保护,使崔家安全渡过了危难。

不久,新将军上任,乱军归营,地方安定了。崔家设宴招待张生表示感谢。张生在席上看到崔家姑娘莺莺美丽非凡,爱上了她。张生托婢女红娘多次致意,莺莺不理。原来,红娘告诉张生,莺莺喜欢文词。于是,张生写了二首表达自己心意的诗,托红娘送给莺莺。莺莺见张生才华横溢,心中很喜欢,便也写了首诗,让红娘送给张生。张生接到后打开一看,只见上面写着"待月西厢下,迎风户半开。拂墙花影动,疑是玉人来"。

这首诗非常有名,改编的戏曲《西厢记》,名称即从第一句诗而来。

赏析 shang xi

月光洁静而明亮,我静静地在西厢下等待着她的到来;凉风徐徐地吹来,房门是半掩半开的。墙上的花影随风在飘动,我以为是我心中思念已久的美

人来了。这首诗描写了恋人幽会时,内心那种焦急而欢喜的心情。现在人们也用这首诗来形容这样的场面景况。

打起黄莺儿,莫教枝上啼。
啼时惊妾梦,不得到辽西

【名句】

打起黄莺儿,莫教枝上啼①。啼时惊妾梦②,不得到辽西③。

【出典】

金昌绪《春怨》。

【注释】

①莫教:不要让。
②妾:封建社会中女子的自称,即"我"。
③辽西:辽宁省西部。

【译文】

打跑树上的黄莺儿,不要让它们在树上唧唧喳喳地啼叫,以免惊醒这香甜的美梦,不能在梦中到辽西与征战的丈夫相见了。

【原作】

打起黄莺儿,莫教枝上啼。啼时惊妾梦,不得到辽西。

【作者小传】

金昌绪,余杭(今属浙江)人。约为玄宗时人,身世不可考。其《春怨》诗传诵甚广,《全唐诗》存其诗一首。

故事

唐朝民间流传着这样一段故事：

在一个小山村里，居住着一户人家：老太太、年轻的夫妇俩和一个3岁的小男孩。男的每天太阳升起来去做活，夕阳落下回家，老太太和儿媳妇在家里纺线织布。就是这样，一年到头，除了交给官府的各种苛捐杂税，只能勉强度日。这一天，官府派人到村里征兵，男人被征去了辽西。

一年过去了，老太太盼着儿子早日返回，媳妇盼望着丈夫，孩子也天天嚷着要爸爸。可是辽西那边却音讯全无。她们天天为他担忧，日日为他祷告，盼望他平安无事，早些归来。

又是一年过去了，春天的暖风又吹绿了山村，勤劳的人们又开始了一年的劳作。

这天，媳妇在田里干了一上午活儿，中午拖着疲乏的身子回到家里，望着满头白发的婆婆正坐在凳子上吃力地纺线，便走过去难过地说：

"娘，您老去歇会儿吧！带上孩子进屋睡一觉，待会儿我去挖点儿青菜，家里还有点儿米，我们熬点儿菜粥吃吧！"

婆婆抱着小孩回屋睡觉去了，儿媳坐在纺线凳上，望着东方天际，一朵朵白云飘在空中，几只可爱的黄莺在唧唧喳喳唱着动听的歌。春风吹来，带着泥土的清香……

眼前出现了一片荒野，一阵大风吹过，卷起了沙漠上的尘土，几棵衰老的树下有几只乌鸦发出悲凄的叫声。

前面隐隐约约走来一队人马，走在前面的披坚执锐，英威雄壮。那不正是自己的丈夫吗？她认出来是他！便奋不顾身地冲了过去……

丈夫跳下马迎了过来，问她："你怎么到这个地方来了，路途这么遥远，你是怎么过来的？"

她告诉他："我很想念你，家里过得很苦，娘和孩子都盼望着你早日回去。"

丈夫说："好，我马上回去，你再等几天，打完这仗，我们一起返回家园……"

这时几只乌鸦又飞了过来，在树上大声叫着。

她睁开双眼，丈夫不见了，前面的一队人马也消失了，乌鸦变成了黄莺落在树枝上叫个不停。她非常生气地拾起一块石子向它们打去，几只黄莺惊叫着

扑扑地飞走了,她又回到凳子上想接着做刚才的梦,可怎么也睡不着了。

　　这个故事流传很广。唐朝诗人金昌绪根据传说中的故事,以生动精练的语言,鲜明的民族色彩,写下了这首《春怨》诗。

赏析

　　这是一首闺怨诗。丈夫远征辽西,夫妻多年不能相见,独守空闺的妇人非常思念丈夫,便只能把见面的愿望寄托在梦中。唐朝边界战事频繁,诗人借闺中怨妇之口表现了当时广大人民强烈的反战心理,也深刻地反映了当时唐王朝兵役之苦给劳动人民带来的灾难。

东边日出西边雨,道是无晴却有晴

【名句】
dōng biān rì chū xī biān yǔ, dào shì wú qíng què yǒu qíng
东　边　日　出　西　边　雨,道　是　无　晴　却　有　晴①。

【出典】
刘禹锡《竹枝词》。

【注释】
①晴:与"情"同音,是双关隐语。

【译文】
东边出太阳,西边下着雨,说是无晴(情),却又有晴(情)。

【原作】
杨柳青青江水平,闻郎江上唱歌声。东边日出西边雨,道是无晴却有晴。

【作者小传】(见第28页)

故事

刘禹锡因与柳宗元等参与王叔文的政治革新活动,被贬为朗州(今湖南省常德)司马。刘禹锡在贬谪生涯中,长住在巴山楚水一带,他是个不甘心寂寞的人,在朗州十年间,常常吟诵诗歌,保持着乐观情绪。

贬谪生活使刘禹锡和人民生活更加接近。朗州一带的少数民族喜欢唱民歌。刘禹锡作为一个小官,从不计较自己的身份,常常参加民间的歌吟活动,还常常帮彝族百姓写通俗的歌词。这些民歌歌词可能当时在民间流传,没有用书面记录下来,所以已经失传。

但是从那时开始,他对民歌发生了兴趣。他认为民歌里有一种热爱生活的真实感情,语言朴素,于是就在民歌中吸收了这些特色。

后来,他到了夔州。夔州在四川的东部,那里流行一种《竹枝词》,是一种跟音乐、舞蹈结合在一起的民歌。每逢节日,当地老百姓都吹着笛子,敲着鼓去赶节。在集会中,男女青年载歌载舞,唱着《竹枝》,比赛谁唱得最多,唱得最好。

刘禹锡未必完全懂得当地方言,但是体味到这种民歌抑扬顿挫、情致婉转,比他在朗州听到的更有特色。

有一天,刘禹锡来到杨柳婀娜多姿、绿若碧玉的江畔,江中的流水水波不兴,平得像一面大镜子,风景实在美极了。如画美景,正是年轻人谈情说爱的好去处。这时候,一对年轻的恋人,男的不见其人,只闻其声;女的呢?既不见人,又没有声音。或许她正悄悄地躲藏在浓密的树阴下,全神贯注地听那男青年唱歌,那男青年正是她的心上人。女子一边听心上人唱歌,一边抬头望天,只见天上西边出太阳,而东边却在下雨。同一时候,天上有晴有雨,初恋的姑娘望着这长江上游常有的自然景观,心中不禁涌出对心上人感情是否真切的猜想:他的心也好像这天气一样难以捉摸,不知他对我到底是无情还是有情。于是,诗人刘禹锡以这个女子的身份,模仿民歌调子,把见闻和感想进行艺术加工,挥笔写了一首《竹枝词》,"东边日出西边雨,道是无晴却有晴"就是这首词中的名句。

赏析

《竹枝》是川东一带的民歌,全诗以一男子在江岸上唱歌起舞,为他的女朋

友送行构造意境,表达了一种迷离含蓄的感情。

"无晴"、"有晴"与"无情"、"有情"谐音。全诗以同一时间不同地点阴晴不定的自然景象,表达了男女相恋中那种扑朔迷离、朦胧含蓄的感情。

东风不与周郎便,铜雀春深锁二乔

【名句】

dōng fēng bù yǔ zhōu láng biàn　tóng què chūn shēn suǒ èr qiáo
东　风　不　与　周　郎　便①,铜　雀　春　深　锁　二　乔②。

【出典】

杜牧《赤壁》。

【注释】

①东风:指赤壁火攻事。不与:不给。周郎:即周瑜。
②铜雀:即铜雀台,在邺城(今河北临漳西)。二乔:乔玄的两个女儿,东吴著名的美女。大乔嫁给孙策,小乔嫁给周瑜。

【译文】

如果不是东风给周瑜火攻提供方便,曹操的铜雀台上,也许早就锁藏起大乔和小乔。

【原作】

折戟沉沙铁未销,自将磨洗认前朝。东风不与周郎便,铜雀春深锁二乔。

【作者小传】

杜牧(803~852),字牧之,京兆万年(今陕西西安)人。文宗大和时中进士后,曾为黄、池、睦、湖等州的刺史,也在朝中做过司勋员外郎、中书圣人等官。

杜牧早年即以经邦济世的才略自负,慷慨激昂,好谈军事。立朝刚直不阿,敢于论列大事,指陈时弊。政治上不失为有识见、有胆量的进步人士。但一生仕途并不得意,始终未能施展抱负。

他的诗、赋和古文都极负盛名,而以诗的成就最高,后人称为"小杜",以别

于杜甫。又和李商隐齐名,并称"李杜"。在艺术上,杜牧自称追求"高绝",不学"奇丽",不满"习俗",所谓"不今不古",正是力图在晚唐浮浅轻靡的诗风之外自具面目,但他的风格不像李贺的奇特,也不似元稹、白居易的平易,和李商隐比也能各树一帜。《河湟》为七律传世名作,《江南春》、《泊秦淮》、《过华清宫》诸绝句尤脍炙人口。《阿房宫赋》开宋代文赋先河。著有《樊川文集》。

故事

湖北武昌西南的赤矶山,是三国时代著名的赤壁之战的战场。唐朝诗人杜牧站在古战场上,面对滔滔长江,心里很不平静。

他在沙滩上漫步,眼前出现了东吴统帅周瑜的英姿:34岁的周郎,指挥着二十条火船,向曹操船队冲去,实在是威武雄壮啊!刹那间,杜牧充满钦佩神情的脸上闪过一丝不悦的表情,好像是忌妒,好像是自怨。他狠狠地踢了一脚沙地,不料脚尖好痛啊,低头一看,沙地上凸出一块东西,他好奇地用手扒几下,一截剑柄露出来了。杜牧捏住剑柄左右摇动,然后用力往上拔,再摇再拔,终于拔出了一段折断的铁戟。杜牧兴致很高,拿到江边冲洗,还用细沙磨去锈斑。哇!六百年前赤壁大战的遗物竟未销蚀。他手握铁戟,放眼长江,心潮起伏……

这时候,杜牧想到那赤壁之战的前夜,如果老天刮起西风,周郎的火船怎么也不能靠近曹军,战争的结果就会是曹操大军横扫江东,把东吴的两位贵美人——国主孙权的大嫂大乔、周瑜的妻子小乔抢去关在铜雀台上,供他们使唤。唉,老天把东风送给了周郎,这才造就了一代英雄呀!想到这里,杜牧吟出了一首《赤壁》诗,"东风不与周郎便,铜雀春深锁二乔"便是这首诗中的名句。

赏析 shang xi

这两句诗是议论,对于赤壁之战这样重大的历史事件,几句话很难说尽。诗人从小处落笔,以小见大,抒发自己的见解和看法。周瑜凭借东风战胜曹操,是侥幸成功。假如东风不给周瑜方便,那么,春色无边的铜雀台中,将锁藏着大乔和小乔了。诗人以幽默的笔调,写出令人深思的问题,形象鲜明,诗味盎然。

后来常用此两句来比喻由于客观原因造成的与事实预料相反的结果。

读书破万卷,下笔如有神

【名句】

dú shū pò wàn juàn　xià bǐ rú yǒu shén
读 书 破 万 卷①,下 笔 如 有 神②。

【出典】

杜甫《奉赠韦左丞丈二十二韵》。

【注释】

①破:尽。万卷:极言书多。
②下笔:写文章。

【译文】

读尽万卷书,那么写文章时就会才思泉涌,就像有神仙相助一样。

【原作】

纨袴不饿死,儒冠多误身。丈人试静听,贱子请具陈:甫昔少年日,早充观国宾。读书破万卷,下笔如有神。赋料扬雄敌,诗看子建亲。李邕求识面,王翰愿卜邻。自谓颇挺出,立登要路津。致君尧舜上,再使风俗淳。此意竟萧条,行歌非隐沦。骑驴十三载,旅食京华春。朝扣富儿门,暮随肥马尘。残杯与冷炙,到处潜悲辛。主上顷见征,欻然欲求伸。青冥却垂翅,蹭蹬无纵鳞。甚愧丈人厚,甚知丈人真。每于百僚上,猥诵佳句新。窃效贡公喜,难甘原宪贫。焉能心怏怏?只是走踆踆。今欲东入海,即将西去秦。尚怜终南山,回首清渭滨。常拟报一饭,况怀辞大臣。白鸥没浩荡,万里谁能驯!

【作者小传】(见第4页)

60

故事

这是唐玄宗天宝七年(748),杜甫客居长安十年后写下的诗篇。这类诗文,在一般人写来,可能会贬低自己,一副阿谀奉承、俯首乞怜的寒酸气,但杜甫这首诗却充满了不卑不亢、落落大方的气概,吐出了长期压抑心头的积郁,写出了封建统治者压制人才的愤怒心情。

杜甫从小读书就非常刻苦,7岁时就熟读许多历代名家的名作,有的甚至能一字不差地倒背如流,并写出了题为《凤凰》的诗。他的许多诗都受到当时一些著名诗人的表扬。平日里,他对书总是爱如珍宝,一本接一本地读,常常为书着迷,忘记了吃饭和休息。日子一长,书都翻烂了,所以诗中所言也是他的切身体会。

杜甫24岁,在洛阳应进士考试落榜,就一直在长安写诗长达十三年,这期间,他寻求功名到处受阻,青少年时期的壮志,已化为满腔牢骚悲愤,为了抒发凄怆惆怅之情,于是挥笔写了《奉赠韦左丞丈二十二韵》诗,而"读书破万卷,下笔如有神"就是这首诗中的名句。

赏析

这两句诗是用来勉励别人,只要多多地读书,脑海中写文章的灵感会自然增多,这样就会写出好文章来。实际上,著名的诗人都是刻苦读书的。如李白、白居易、李清照等名家,从他们的皇皇名作中是很难找出他们究竟读了多少书籍的,然而正由于他们"读书破万卷",把书的内容透彻地理解了,消化了,才能"下笔如有神",很少露出痕迹来。

独在异乡为异客,每逢佳节倍思亲

【名句】

dú zài yì xiāng wéi yì kè　měi féng jiā jié bèi sī qīn
独 在 异 乡 为 异 客①,每 逢 佳 节 倍 思 亲②。

【出典】

王维《九月九日忆山东兄弟》。

【注释】

①异乡：他乡，他地。异客：旅行在外作客。
②倍思亲：更加思念亲人。

【译文】

我独自在远离故乡的地方作客，每逢佳节就更加思念家中的亲人。

【原作】

独在异乡为异客，每逢佳节倍思亲。遥知兄弟登高处，遍插茱萸少一人。

【作者小传】（见第48页）

唐代诗人王维多才多艺，不仅能诗善画，而且弹得一手好琵琶。岐王爱好音乐，非常喜欢听王维弹奏的曲子。开元十九年(731)，王维准备参加京城的科举考试，岐王悄悄地对他说："听说皇上的九公主过几天要在宫里设宴，这对你可是个好机会啊！到时你挑几首好诗带着，装扮成宫廷乐师，我领你进去碰碰运气。"王维回去后，就抄了几首自己的诗作，又精心赶作了一首新的琵琶曲。

这一天，王维手抱琵琶，怀揣诗卷，随岐王来到宫里。宴会开始后，几位有名的艺人表演了各自的拿手好戏。轮到王维独奏了，一曲《郁轮袍》，如行云流水一般，使在座的宾客都听得如痴如醉。公主高兴地对岐王道："这位新来的乐师，真是一个奇才！"岐王哈哈笑着说："其实他并不是宫里的乐师啊！"王维不失时机地向公主呈上诗卷。公主一首一首地读着，当她读到《九月九日忆山东兄弟》时，情不自禁地念出声来："独在异乡为异客，每逢佳节倍思亲。遥知兄弟登高处，遍插茱萸少一人。"这首诗抒发了游子在异乡怀念亲人的感情，公主的心一下子被打动了。

后来，公主知道王维将要应举，就极力向负责考试的官员推荐他，并且还说："如果王维能做状元，这实在是京城的荣耀啊！"不久，王维果然不负众望，一举高中了。

赏析

"独在异乡为异客",这句中的一个"独"字,凝聚了诗人游客他乡的孤独冷寂心情;下缀两个"异"字,更加深了这种孤独感。"异乡"注解了诗人的处境:流落他方,人生地疏。"异客"反映出诗人的身份:长作他乡之客,举目无亲。这两个"异"字的运用,给"独"字作了最好的注脚。独自漂泊他乡,加上旅途凄苦,思亲之情,油然而生,"每逢佳节倍思亲",正是这种心境的袒露。这种摆脱不掉的思乡情感,一旦到了佳节这个触发点,诗人的怀亲思乡的感情潮水再也控制不住,只得任其奔涌,从肺腑间吟出了"每逢佳节倍思亲"这一千古名句。

儿童相见不相识，笑问客从何处来

【名句】
ér tóng xiāng jiàn bù xiāng shí　xiào wèn kè cóng hé chù lái
儿 童 相 见 不 相 识①，笑 问 客 从 何 处 来②。

【出典】
贺知章《回乡偶书》。

【注释】
①相识：互相认识。
②何处来：从哪儿来。

【译文】
好奇的孩子见了我都不认识，笑着问："老人家，您从哪里来？"

【原作】
少小离家老大回，乡音无改鬓毛衰。儿童相见不相识，笑问客从何处来。

【作者小传】(见第18页)

故事

贺知章是唐朝著名的诗人和书法家。他在年轻时，便来到长安参加进士考试，并以自己的才学而中了榜。

在唐玄宗开元年间，他先后担任过多种官职，最后做到太子宾客、银青光禄大夫兼正授秘书监，因此人们都称他为"贺监"。但他爱好饮酒，自号"四明狂客"，杜甫在《酒中八仙歌》中描写他"知章骑马似乘船，眼花落井水底眠"，把他的醉态描写得淋漓尽致。

贺知章善于草书，他的草书在当时被称为一绝，可惜没有留传下来。

唐玄宗天宝三年(744)，贺知章已八十多岁了，他感到自己年纪太大，没有精力再做官，于是向玄宗上书，要求告老还乡，去当道士。

唐玄宗同意了，并把他故乡的镜湖赐给他作为放生池。临走时，唐玄宗命皇太子以及百官为贺知章赋诗送行。贺知章的好友李白，写下了《送贺宾客归越》："镜湖流水漾清波，狂客归越逸兴多。山阴道士如相见，应写黄庭换白鹅。"诗的最后两句，用东晋书圣王羲之为道士写《黄庭经》换取白鹅的故事，赞誉贺知章的书法可跟王羲之媲美。

贺知章离家已有五十多年，回到家乡时，亲朋好友多数已亡故，而一些孩子们都不认识他，常常把他当做外来的客人。他对此非常感慨，于是写出了举世闻名的七绝《回乡偶书》，而"儿童相见不相识，笑问客从何处来"就是这首诗中的名句。

赏析

"儿童相见不相识，笑问客从何处来。"这两句描写了一幅充满戏剧性的场面。诗人来到村口，村里的儿童不认识他，把他当做外乡来的客人，笑着问他从哪里来。这两句构思巧妙，通过回乡的一个细节，表达了对家乡既亲切又陌生的感情，流露出无限的情感，同时又刻画出儿童活泼天真的形象。"笑问"二字，表现了年迈的诗人与纯真的儿童亲切和风趣的交谈，散发着浓厚的生活气息和乡土风情。

二月卖新丝，五月粜新谷。
医得眼前疮，剜却心头肉

【名句】

二月卖新丝，五月粜新谷①。医得眼前疮，剜却心头肉②。

【出典】

聂夷中《咏田家》。

【注释】

①粜：把米卖出去。
②剜却：割掉，挖了。

【译文】

二月份的时候，就把尚未结好茧的蚕丝卖掉，等到了五月份的时候，就又把刚收割上来的稻谷也卖掉了。苦苦支撑，虽然暂时解决了眼前的饥荒，却也和挖了心头肉去补恶疮一样，后果难以想象。

【原作】

二月卖新丝，五月粜新谷。医得眼前疮，剜却心头肉。我愿君王心，化作光明烛。不照绮罗筵，只照逃亡屋。

【作者小传】

聂夷中(837~约884)，字坦之，河南中都(今河南沁阳)人。咸通十二年(871)登进士第，授华阴尉。后不知所终。擅长古体诗。出身贫苦，深知民生疾苦，稼穑艰难。诗歌反映现实，悯俗伤时，语言质实，风格古朴。五代冯道谓其《伤田家》诗"语虽鄙俚，曲尽田家之情状"；《田家》、《公子家》、《公子行》等亦类

此。著有《聂夷中诗》。

故事

晚唐时期苛捐杂税多如牛毛，人民的负担沉重。诗人聂夷中中年家境清寒，生活贫困，比较接近农民，了解农民的疾苦。有一年，他在农民中看到一个奇怪的现象：阴历二月，蚕儿刚刚出子，就早早地将一年的新丝预先卖出去；五月里秧苗还在田里生长，他们又早早地预先卖出新粮。诗人仔细地想了一想，这种现象说怪也不怪，这是剜肉补疮的做法。农民是不忍心这样做的，已到了万不得已的地步，他们的生活怎能过得下去啊！

诗人看到当时农民的悲惨生活，为此他希望君王的心，能化作给人以光明的蜡烛，不照富贵豪门，为他们锦上添花，甚至与他们狼狈为奸，而应该只照穷家寒舍，给他们雪中送炭。

诗人边看边想，内心感到十分痛苦，情不自禁地吟了这首《咏田家》诗，而"二月卖新丝，五月粜新谷。医得眼前疮，剜却心头肉"便是这首诗中的名句。

赏析

这首诗写得极为深刻，可以说是封建社会中农民悲惨生活的缩影。诗人极力描写了农民的疾苦，沉重的苛捐杂税压得农民无以为生；同时也讽刺了朝廷不知民间疾苦，只知搜刮的丑恶行为。这诗中的名句在民间广为流传，现在人们常用的成语"剜肉补疮"就出在这里。清代著名诗人、书画家郑板桥，写信给小儿子时，抄了这诗中的名句让小儿子念，可见这诗中的名句影响之大。

飞流直下三千尺,疑是银河落九天

【名句】

fēi liú zhí xià sān qiān chǐ　yí shì yín hé luò jiǔ tiān
飞 流 直 下 三 千 尺,疑 是 银 河 落 九 天①。

【出典】

李白《望庐山瀑布》。

【注释】

①银河:天河。落九天:从天的最高层直落下来。

【译文】

飞速急流直跌下三千多尺,好像是银河落下了九重天。

【原作】

日照香炉生紫烟,遥看瀑布挂前川。飞流直下三千尺,疑是银河落九天。

【作者小传】(见第2页)

唐朝后期,安禄山兵变,李白曾参加过李璘的抗敌军,后来因有嫌疑,

误被以为要与李璘一起谋反打败李亨（唐肃宗），被统治者流放去贵州夜郎，半路上受到赦免，于是，乘船经三峡东下，先游览了洞庭湖和岳阳楼，接着到江夏(今湖北省武昌市)，第三次登上黄鹤楼，然后沿长江到浔阳，游览庐山。

庐山，又名匡山或匡庐，在江西省九江市南，矗立在长江边，紧傍鄱阳湖。相传，周朝有匡氏七兄弟，上山修道，以草庐为舍，所以有了庐山之名。庐山有"匡庐奇秀甲天下"的美称，它长约25公里，宽10公里，多险绝胜景，匡庐瀑布更是名传天下。

那天，李白登上了庐山的香炉峰，看见盘旋在山巅的雾霭云气像炉中的袅袅轻烟，景色秀美。他抬头放眼远看瀑布挂在山前像一条大川，这山川瀑布奔腾咆哮，飞速急流直跌而下，好像是银河落下了九重天。

这时候，李白被庐山香炉峰瀑布的壮丽景色所迷醉，于是，激情满怀地写了这首《望庐山瀑布》诗，而"飞流直下三千尺，疑是银河落九天"就是这首诗中的千古名句。

赏 析

庐山瀑布气势磅礴，瞬息万变。"飞流直下三千尺"详绘瀑布之状，生动神奇。诗人不言瀑布，却说"飞流"，极写山间瀑布奔腾咆哮的动势；不言流下，却道"直下"，其状如坠如崩，水势之盛寓于其中。此句极具动态的美感。最富有浪漫色彩的是"疑是银河落九天"。诗人在飞流直下的瀑布面前，忍不住浮想联翩：它，像一条银河从天而降，以浪漫的想象，夸张的比喻，优美的语言，形象地勾画了这一壮观景象。

感时花溅泪,恨别鸟惊心

【名句】

gǎn shí huā jiàn lèi　hèn bié niǎo jīng xīn
感 时 花 溅 泪①,恨 别 鸟 惊 心②。

【出典】

杜甫《春望》。

【注释】

①时:政治时局。溅:迸洒。
②恨别:离别的愁恨。

【译文】

感伤时局看见花开反而落泪,怅恨别离听到鸟鸣不禁惊心。

【原作】

国破山河在,城春草木深。感时花溅泪,恨别鸟惊心。烽火连三月,家书抵万金。白头搔更短,浑欲不胜簪。

【作者小传】(见第4页)

故事

唐朝天宝年间(755),安禄山勾结史思明在范阳发动叛乱。第二年六月,叛军攻下了军事重镇潼关,唐玄宗仓皇逃到四川。七月,唐肃宗在武灵即位,这时,逃难中的杜甫把家安顿在鄜州羌村,准备去投奔唐肃宗李亨,于是他独自一人向灵武进发。

这天,他正随逃难的百姓匆匆赶路,突然一队叛军迎面追来,也不知道叛军们怀疑他们中有唐朝的密探,还是要抓他们被充军队,把他们全都抓了起来,并押往叛军的一个营地,逐个进行审问。

当审问到杜甫时,他被带到一个叛军头目的住处。小头目打量杜甫,厉声问道:"你做过什么官?是什么人派你到这里来的?"

杜甫回答道:"我不是什么官,只不过是普通的老百姓,是个读书人,没有考中。"

小头目又问明了杜甫的籍贯姓名等情况,看他衣衫破旧,看上去却像五六十岁,又不能留在兵营里充军打仗,便把他赶出了营地,其实这年杜甫才40岁出头儿。

杜甫回到了自己在杜陵的住处,每天出去找这里的老朋友,想和他们去灵武投奔唐肃宗,可战乱连年,人们漂泊不定,那些老朋友也不知逃到了何处。因此他打算一个人逃离长安,然而京城的周围都被叛军密密麻麻地守卫着。

转眼春天便来了。有一天,杜甫终于有机会逃了出来,他望见战乱后的长安残破不堪,四周都是荒芜的蒿草,听到是鸟儿的悲鸣,引起了他的思乡之情,触景生情,于是他挥笔写下了《春望》这首诗,而"感时花溅泪,恨别鸟惊心"便是这首诗中的名句。

赏析

作者写此诗时,身陷长安安史叛军中。当时各地烽火不断,家书难得。目击国家山河破碎,自己全家离散,感慨万千。以至于因感伤时局,烂漫的春花也能使自己溅泪;因怅恨别离,悦耳的鸟鸣也能使自己惊心。

这两句诗突出地强调了作者的国仇家恨之下的那种极度的伤感,因而这两句诗也就成为传诵千古的名句。

阁中帝子今何在,槛外长江空自流

【名句】

gé zhōng dì zǐ jīn hé zài　jiàn wài cháng jiāng kōng zì liú
阁　中　帝　子　今　何　在①?槛　外　长　江　空　自　流②。

【出典】

王勃《滕王阁诗》。

【注释】

①帝子:指建滕王阁的高祖李渊之子滕王李元婴。
②槛:栏杆。江:这里指赣江。

【译文】

阁中的滕王,如今哪里去了呢?只有楼外的滔滔江水独自向东流去。

【原作】

　　滕王高阁临江渚,佩玉鸣鸾罢歌舞。画栋朝飞南浦云,珠帘暮卷西山雨。闲云潭影日悠悠,物换星移几度秋。阁中帝子今何在?槛外长江空自流。

【作者小传】

　　王勃(650~676),字子安,绛州龙门(今山西河津)人。祖王通,隋朝学者;叔祖王绩,唐初诗人。兄勔、勮皆具文才,以勃为冠。幼通经书史籍,善为文辞,撰《汉书注指瑕》十卷。王勃在"初唐四杰"(王勃、杨炯、卢照邻、骆宾王)中以寿短而名高,文学成就最显著。诗擅长五律、五绝,"自是唐人开山祖",杜甫《戏为六绝句》谓"王杨卢骆当时体","不废江河万古流",是为确评。其诗如《送杜少府之任蜀州》、《山中》、《滕王阁诗》、《采莲曲》等,以其内容及形式论,皆冲破齐梁诗与宫体诗之桎梏,有所探索与创造,对近体诗格律的整饬及成熟,多有助益。其文以《秋日登洪府滕王阁饯别序》为传世名作,中以"落霞与孤鹜齐飞,秋水共长天一色"之句惊世。其创作虽未完全脱尽齐梁习气,但已多有风骨声韵兼备之作。有《王子安集》传世。

故事

唐高宗上元二年(675)九月九日,洪都(今江西南昌)都督阎伯屿,正在著名的滕王阁上大宴宾客,不少文人学士都参加了。王勃到交趾(今越南境内)探望父亲路过这里,也应邀相陪。

阎伯屿有个女婿叫吴子章,很有文才,伯屿就叫他先把《滕王阁序》写好,以便在宴会上露一手。开宴以前,阎伯屿叫人捧出纸笔,请大家作赋写序,以纪念今日在滕王阁上欢度重阳的盛事。宾客们都知道,他是想让女婿显示文才,所以都不肯动笔。王勃初来乍到,不知底细,当推让到他时,慨然不辞。这时宾客们都是暗中吃惊,阎伯屿更是满肚子不高兴,但既然是自己出面请来,也只好让王勃动笔了。

王勃在阁内挥毫,阎伯屿暗中吩咐从人把写出的句子随时抄来,就与宾客们到阁外观赏风景。宾客们都觉得王勃年幼,不知天高地厚,因此议论纷纷。这时,随从抄来了王勃写作的《滕王阁序》的开头几句。阎伯屿接过一看:"豫章故郡,洪都新府。星分翼、轸,地接衡、庐……"便笑着说:"这几句写洪都地势雄阔,处于要冲,倒也可以……"话未说完,另一随从抄了后面几句。等阎伯屿看到"落霞与孤鹜齐飞,秋水共长天一色"时,竟情不自禁地吟诵起来,连连称赞"妙句!妙句!真是当世奇才!"那些看不起王勃的人都跟着叫喊:"难得!难得!"本想露一手的吴子章,在才思敏捷下笔有神的王勃面前,感到自愧不如,悄悄地把准备好的"序"收了起来。然而,王勃在写好《滕王阁序》后,却意犹未尽,诗兴大发,在大家的赞扬声中,又立即挥笔写下了《滕王阁诗》。"阁中帝子今何在?槛外长江空自流"便是这首诗中的名句。

赏析

这两句名句中,一句反诘,既是问人,又是问己。昔人筑阁之人,今已不在,今日登阁之人又能几何呢?惟有槛外江水,不懂人事,空自东流。它揭示了这样一个道理:宇宙是永恒的,而人的生命在宇宙的长河中又是多么地微乎其微。诗的结尾采用对偶句法作结,很有特色。后来,杜甫常借鉴王勃的笔法,可见王勃对唐诗的影响有多么重要。

古来圣贤皆寂寞,惟有饮者留其名

【名句】

gǔ lái shèng xián jiē jì mò wéi yǒu yǐn zhě liú qí míng
古来 圣 贤皆寂寞①,惟有饮者留其名②。

【出典】

李白《将进酒》。

【注释】

①寂寞:默默无闻。
②饮者:寄情诗酒的人。

【译文】

自古以来贤能的圣人都感到寂寞,只有寄情诗酒者才能留下美名。

【原作】

君不见,黄河之水天上来,奔流到海不复回。君不见,高堂明镜悲白发,朝如青丝暮成雪。人生得意须尽欢,莫使金樽空对月。天生我材必有用,千金散尽还复来。烹羊宰牛且为乐,会须一饮三百杯。岑夫子,丹丘生,将进酒,杯莫停。与君歌一曲,请君为我倾耳听。钟鼓馔玉不足贵,但愿长醉不复醒。古来圣贤皆寂寞,惟有饮者留其名。陈王昔时宴平乐,斗酒十千恣欢谑。主人何为言少钱,径须沽取对君酌。五花马,千金裘,呼儿将出换美酒,与尔同销万古愁。

【作者小传】(见第2页)

唐玄宗天宝十一年(752)的一天,李白接到好友元丹丘的邀请,请他来颍

阳山居相聚,并说另一位友人岑勋也会来到,请他不要推辞。于是,李白乘舟来到元丹丘处。

在嵩山最高处,可以望见颍水自西而东,又折向东南,流向千里以外。元丹丘的别业"颍阳山居",就在嵩山脚下,颍水岸上,环境很是雅致。

三位朋友相见,感到十分愉快。于是,置酒摆菜,开怀畅饮,从白天一直饮到皓月东升。李白干脆叫把酒肴摆在院子中,月光洒到他们的身上,三人边饮边谈。

慢慢地,月亮升高了,也更明亮了。三人的兴致越来越浓,李白谈到他的雄心壮志和抱负时,禁不住手舞足蹈,当谈到怀才不遇,不能见用时,不禁感慨悲叹。

李白的酒已经喝了不少,还在不停地斟酒,也给元丹丘、岑勋斟酒,好像他是这里的主人。元丹丘怕他喝醉,笑着说:"我没钱打酒了。"李白说:"既然请我喝酒,就要让我喝个痛快。没钱吗?好办,叫孩儿把我的宝马和狐皮袍子拿去换酒。"显然已有醉意,偏偏不停嘴地说:"岑夫子,元丹丘,来,来,干杯,干杯。"元丹丘说:"你已醉了。"李白把一杯酒一饮而尽:"我醉了?不可能。我没醉,没醉。"元丹丘说:"你既然没醉,就写一首诗看看。"李白一听,大笑道:"好,我酒喝得越多,诗作得越好。"于是,他挥笔写下了《将进酒》诗,"古来圣贤皆寂寞,惟有饮者留其名"就是这首诗中的名句。

赏析

自古以来圣人贤者都默默无闻地逝去了,只有那些狂歌醉酒之士留下了不朽的名字。

盛唐之时,士人都想建功立业,李白也是奋其智能,愿为辅弼。但一次长安之行,彻底粉碎了他的梦幻,所带来的只是痛苦与忧愤,于是,他便想长醉而不愿醒来,更不愿看到人世间的污浊与丑恶,这首诗表达了自己的愤激之情。

孤舟蓑笠翁,独钓寒江雪

【名句】

gū zhōu suō lì wēng　dú diào hán jiāng xuě
孤 舟 蓑 笠 翁①,独 钓 寒 江 雪②。

【出典】

柳宗元《江雪》。

【注释】

①蓑:蓑衣。笠:斗笠。翁:作者自指。
②独钓:独自垂钓。

【译文】

孤零零的小船上有个披蓑戴笠的老翁,正独自顶风冒雪垂钓在寒冷的江面上。

【原作】

千山鸟飞绝,万径人踪灭。孤舟蓑笠翁,独钓寒江雪。

【作者小传】

柳宗元(773~819),字子厚,祖籍河东(今山西永济)人,世称柳河东。他一生创作丰富,议论文、传记、寓言、游记都有佳作。

他的议论文笔锋犀利、逻辑严密,以《封建论》最有代表性;寓言多用来讽刺时弊,想象丰富,寓意深刻、言语尖锐,《三戒》是他著名的讽刺小品;传记散文多以真人真事为基础,略带夸张虚构,《捕蛇者说》《童区寄传》《段太尉逸事状》是这类作品的代表。柳文中的山水游记最为脍炙人口,它们在柳宗元手里发展成为一种独立的文学体裁,柳宗元也因而被称为"游记之祖"。柳宗元山水游记的著名代表作是"永州八记"。这"八记"并非单纯的景物描摹,而是往往在景物中托意遥远,抒写胸中种种不平,使得山水也带有了人的性格。柳宗元散文语言简炼生动,自然流畅。他常运用虚实结合、夹叙夹议方法谋篇布局,

使得文章意趣横生。此外，柳文多用短句，节奏明快而富于变化，这是他汲取骈文之长所致。

柳宗元与韩愈皆倡导古文运动，同被列入"唐宋八大家"，并称"韩柳"。著《柳河东集》。

故事

唐朝著名诗人柳宗元在贞元九年(793)中了进士，后来又当上了监察御史。他小时候就胸怀大志，曾自称："始仆之志学也，甚是尊大，颇慕古之大有为者。"这句话的意思是说：自己从小的志向是学习，很是尊大，很羡慕古代那些大有作为的人。现在，他在朝廷里做了官，认为可以在政治上实现自己远大的抱负了。为此，他参加了以王叔文为首的政治革新集团。王叔文原为翰林待诏，在德宗皇帝时期，他与太子的关系十分密切，经常为太子出谋划策。

贞元二十一年(805)元月，德宗皇帝病逝，太子即位，称顺宗皇帝。顺宗皇帝的登基，标志着王叔文集团的上台，柳宗元等人也因此而升官。他们掌权时，采取了在当时历史条件下有进步意义的措施，如贬大贪污犯京兆尹李实的官；削去了为宦官所掌握的左右神策军的兵权；革除德宗贞元时期的弊政；废除诏令以外的苛捐杂税，受到了广大人民的拥护。而这些措施，都是由王叔文、柳宗元等人商定的。但是，俗话说，好花不常开，好景不长在。王叔文、柳宗元所依靠的唐顺宗体弱多病，不到半年就被保守力量和宦官逼迫退位了。保守派一上台，就把柳宗元贬到边远地区去当司马，并杀了王叔文，制造了历史上有名的"二王八司马"事件。

柳宗元贬到永州后，虽没了实权，却使他有较多机会接触社会下层，了解人民疾苦，同时也使他有机会游览山水名胜。这年冬天的一个早上，夜里一场大雪使整个大地披上了银装。吃过早饭，柳宗元独自一人来到了江边。雪后的空气是那样的清新，周围的景色是那样的迷人，看着眼前的美景，诗人并没有陶醉于大自然的景色之中。国家的安危，民众的疾苦，依然在他心中翻腾。回想起自己的革新不幸失败，又遭到残酷的迫害，诗人心里充满了愤慨，一种哀怨忧愤之情使他不吐不快。于是，在这种情况下，他挥笔写了《江雪》诗，"孤舟蓑笠翁，独钓寒江雪"就是这首诗中的名句。

赏析

这首诗中的名句,描写了一切被大雪吞噬的空间,只有一叶孤舟,一位渔翁,一支钓竿,一片寒江。一个"独"字,排除万种景象,惟留江雪于画面之中,展示出一位隐者怡然自乐的活动,给人一种超脱之感。但是,人们从这种凄凉的素描中,也隐隐感到一种寂寞孤独,被世人遗忘的味道,表达了一种壮志未能实现的无奈之感。

孤帆远影碧空尽,惟见长江天际流

【名句】

gū fān yuǎn yǐng bì kōng jìn, wéi jiàn cháng jiāng tiān jì liú
孤 帆 远 影 碧 空 尽①,惟 见 长 江 天 际 流②。

【出典】

李白《黄鹤楼送孟浩然之广陵》。

【注释】

①孤帆:一只帆船。碧空:青天。
②惟:只。天际流:流向天边。

【译文】

一片孤帆在碧空的尽头消失不见了,只见滚滚的长江流向天边。

【原作】

故人西辞黄鹤楼,烟花三月下扬州。孤帆远影碧空尽,惟见长江天际流。

【作者小传】(见第2页)

唐玄宗开元十五年(727),27岁的李白从东南游历回来,又到了今天的湖北,在安陆(今湖北安陆),同在唐高宗时期做过宰相的许圉(yǔ)师的孙女结了婚。

李白的许氏夫人,聪颖而端庄,是个很有才学的人。一次,李白在家里写了一首诗,题目叫《长相思》。写完了,李白把诗稿递给他的夫人,说道:"你看,这首诗写得怎么样?"

许氏认真地看了两遍,说:"诗中'不信妾肠断,归来看取明镜前',这两句写得很形象,也很含蓄。但则天皇后的诗中,早就有过类似的句子了。武皇后说:'不信比来常下泪,取箱验取石榴裙。'比起武皇后的这两句诗来,你的那两句也就不算新鲜了。"

李白的脸刷地红了起来,心想:夫人真是博学。我怎么不知道武皇后的这两句诗呢?

李白性情豪爽,喜欢帮助别人。他从蜀中出来的时候,虽然带了不少钱,但很快就花光了。他在安陆建立家庭以后,起初的日子还过得不错,后来渐渐穷困下去,连穿衣吃饭都成了问题,只好向亲戚朋友借钱。

李白在安陆期间,认识了大诗人孟浩然。

孟浩然是襄阳(今湖北襄樊)人,未能考取进士,一生都不得意。诗人王维很看重他,曾把孟浩然邀请到自己的官署。但因孟浩然出言不慎得罪了唐玄宗,唐玄宗把他打发回家了。

这件事对孟浩然打击很大,从此,他对当官就不那么感兴趣了。后来,当地的地方官韩朝宗约孟浩然一起去长安,要向朝廷推荐他当官。当韩朝宗去找孟浩然起程的时候,孟浩然正在和一个朋友喝酒。人们告诉他:

"你与韩朝宗约好一起去长安。他现在来了,赶快起程吧!"

孟浩然头也不抬地说:

"我这里正在饮酒,没有工夫顾别的了!"

韩朝宗很生气,一个人去了长安。后来,孟浩然对这件事竟一点也不后悔。李白很喜欢孟浩然这种性格。所以,他同孟浩然见面之后,很快成了好朋友。

唐玄宗开元十六年(728)春天,孟浩然与李白在江夏聚会。二十多天里,他们常在一起饮酒赋诗。三月下旬的一天,孟浩然向李白告别,登上了开往扬州的船。李白特地在黄鹤楼为他摆酒送行,并写了这首《黄鹤楼送孟浩然之广陵》

诗。"孤帆远影碧空尽,惟见长江天际流"就是这首诗中的千古名句。

赏析

这是一首景远情深的送别诗。诗中行人是名满天下的孟浩然,送者则是豪达多情的李白。这两句描写在阔远的画面上,勾勒出诗人伫立江岸、神驰目注的形象,反映出诗人内心的茫然。那一江春水,荡漾着诗人对离去友人的一片深情。

姑苏城外寒山寺,夜半钟声到客船

【名句】

gū sū chéng wài hán shān sì　yè bàn zhōng shēng dào kè chuán
姑苏城外寒山寺①,夜半钟声到客船②。

【出典】

张继《枫桥夜泊》。

【注释】

①姑苏城:苏州城的别称。寒山寺:在苏州市西枫桥镇。
②夜半钟声:唐朝寺庙里有半夜鸣钟的习惯,又叫"无常钟"。

【译文】

姑苏城外的寒山寺,半夜里响起了悠悠的钟声,一直传到我小小的客船上。

【原作】

月落乌啼霜满天,江枫渔火对愁眠。姑苏城外寒山寺,夜半钟声到客船。

【作者小传】

张继(?~约779),字懿孙,襄州(今湖北襄樊)人。诗作多登临纪行之作,清远自然,不事雕琢。唐高仲武《中兴间气集》称其"诗体清迥,有道者风"。《枫桥夜泊》为传诵名篇。今传《张祠部诗集》。

故事

　　唐代诗人张继,有一次在旅途中,乘船经过古代交通要道姑苏(苏州)的枫桥,因天色已晚,便泊船岸边宿夜。

　　时令已是秋天,夜深了,孤身一人的张继睡不着觉。此时此刻,月亮已经西沉,偶尔,被惊醒的乌鸦发出几声啼叫;霜华漫天盖地,寒意侵人。惟有那岸边黑黝黝的江枫和远远几处明灭的渔火,陪伴着他这个心怀旅愁的孤舟之客,度过寂静的夜晚。

　　突然间,岸上的寒山寺响起了洪亮的半夜钟声,那声音在张继的船上回旋,多么悠扬、多么清新……

　　这半夜钟声给予了张继无比鲜明的印象,特别强烈的感受,他的创作灵感顿时勃发了,一首永世流传的名诗《枫桥夜泊》从他口中吟诵了出来,"姑苏城外寒山寺,夜半钟声到客船"便是这首诗中的名句。

赏析 shang xi

　　这是一首诗味隽永、意境幽远的著名诗篇。从静谧中传来的山寺钟声,使诗人心中难以平静。"夜半钟声"是神来之笔,写得富有诗味,使诗的意境显得非常幽美。

黄沙百战穿金甲，不破楼兰终不还

【名句】

huáng shā bǎi zhàn chuān jīn jiǎ　bú pò lóu lán zhōng bù huán
黄　沙　百　战　穿　金　甲①，不破楼兰　终　不还②。

【出典】

王昌龄《从军行》其四。

【注释】

①黄沙：这里指沙漠。穿：磨穿。金甲：铁甲，用金属片做成的铁衣。

②楼兰：汉代时西域的国名，在现在新疆维吾尔族自治区鄯(shàn)善县，曾经屡次拦截杀害汉朝派往西域的使臣，汉朝用计杀了楼兰王，平定了这块地方。后来，楼兰成了外族敌人的代词。这里借指吐蕃。

【译文】

在大沙漠上身经百战，穿破了铁铠甲，但如果不攻破楼兰，我们决不回家！

【原作】

青海长云暗雪山，孤城遥望玉门关。黄沙百战穿金甲，不破楼兰终不还。

【作者小传】(见第51页)

故事

王昌龄曾几次到过边塞，对边塞风光和戍边将士的生活，有深刻的了解和体会。在他的边塞诗中，生动描绘了边塞风光，歌颂了将士们奋勇杀敌、以身报国的爱国主义精神，充满着积极昂扬的情调，从而博得了很多人，特别是戍边战士的喜爱，王昌龄也得到将士们的尊重和爱戴。在当时，戍边将士中，几乎没有人不知道为他们歌唱的王昌龄，王昌龄的边塞诗许多人都能背诵。

有一年，王昌龄来到边塞，他想到将士们中间走走。将士们驻扎在一座孤零零的小城里，王昌龄一到达，立即有几个战士认出了他，欢声叫道："王昌龄来了，王昌龄来了！"一群战士围了上来。大家请王昌龄正中坐下，七嘴八舌，有的问中原的气候现在怎么样，有的问家乡有什么变化，还有的想托王昌龄捎回家信，战士们显得十分高兴。当他们知道王昌龄专门来看看他们，不少人激动得跳了起来，还有的哼起了谱过曲的王昌龄的诗。

王昌龄与战士们聊了好长时间，天色不早，他就起身准备离开，战士们都依依不舍。突然，有一个战士说："诗人啊，先别走，给我们写几首诗吧！"经他一提醒，大家都高声附和："对，对，送给我们几首诗吧！"

王昌龄看看一张张期待的脸，微笑着答应了。他沉吟片刻，挥笔写下《从军行》诗，"黄沙百战穿金甲，不破楼兰终不还"便是这首诗中的名句，战士们读着读着，情绪高涨，备受鼓舞，脸上挂满了一行行热泪。

赏析

"黄沙百战穿金甲"，概括了将士们的战斗生活，写出战斗的激烈程度。将士们身经百战，黄沙把金甲都磨穿了，可见战斗是多么艰苦激烈。把所有的战斗生活，都浓缩于短短七个字中，概括力强，给读者留下了广阔的想象空间。"不破楼兰终不还"一句，以充满激情的笔调，写出了将士们的豪壮誓言。不击败敌人，决不返回故乡，忠勇爱国的英雄气概跃然纸上。

黄鹤一去不复返,白云千载空悠悠

【名句】

huáng hè yí qù bú fù fǎn　bái yún qiān zǎi kōng yōu yōu
黄　鹤　一　去　不　复　返①, 白　云　千　载　空　悠　悠②

【出典】

崔颢《黄鹤楼》。

【注释】

① 不复返:不再回来。
② 空悠悠:自由地飘荡。

【译文】

黄鹤一去就不再回来,白云啊,千百年来飘飘悠悠。

【原作】

昔人已乘黄鹤去,此地空余黄鹤楼。黄鹤一去不复返,白云千载空悠悠。晴川历历汉阳树,芳草萋萋鹦鹉洲。日暮乡关何处是?烟波江上使人愁!

【作者小传】

崔颢(约704~754),汴州(治今河南开封)人,开元十一年(723)登进士第。漫游南北。开元后期任河东军幕。天宝初,为太仆寺丞,终司勋员外郎。唐殷璠《河岳英灵集》云:"颢年少为诗,名陷轻薄。晚节忽变常体,风骨凛然,一窥塞垣,说尽戎旅。"代表作《黄鹤楼》,宋严羽《沧浪诗话》推为唐人七律第一。今传《崔颢集》。

武昌城外的黄鹤山(又叫蛇山)一片苍翠,山上有一座黄鹤楼更是迷人,因

为它有着美丽的神话传说。古往今来,游客到了武昌,谁不想登上黄鹤楼,饱览长江风光呢?

唐朝诗人崔颢(hào),今天终于如愿以偿了。他站在楼上,仰望天上浮云,江风吹得衣带飘飞,真有临空欲仙的感觉,怪不得古代神仙子安骑着黄鹤要在此休息,还有那些得道升天的人,都要乘黄鹤从这里飞往仙境。他又眺望隔岸的汉阳,晴川阁笼罩在夕阳的霞光里,江中鹦鹉洲覆盖着一层厚厚的青草。啊,人间河山也是如此壮美!他的眼光转向了水气茫茫的长江,心想,我不会骑黄鹤飞去,因为我思念自己的故乡。

崔颢领略了黄鹤楼的魅力之后,心潮如长江之水难以平静,随手在楼内题了一首《黄鹤楼》诗,而"黄鹤一去不复返,白云千载空悠悠"就是这首诗中的名句。

此诗一出,传诵四方。大诗人李白来到黄鹤楼,本想赋诗,一见崔颢手笔,连忙住手,说:眼前美景无需我写,有崔颢这首诗就足够啦!

赏析

仙人乘鹤而去,本系子虚乌有,但诗人以虚写实,写黄鹤随仙人而去,惟有空楼长留人间。黄鹤一去,永不复返,惟有悠悠白云,千载如故。这种情形与人生短促、自然永恒的道理是那样的契合。这两句名句使人产生了时空浩渺的幽思。再伟大的人也会随着时光流逝,在历史的长河上都只不过是匆匆过客,昙花一现,都不可能与永恒的自然抗衡。

好雨知时节,当春乃发生

【名句】

hǎo yǔ zhī shí jié　dāng chūn nǎi fā shēng
好 雨 知 时 节①, 当 春 乃 发 生②。

【出典】

杜甫《春夜喜雨》。

【注释】
①时节:时令。
②当春:正当春天需要雨的时候。乃:即,就。发生:即下雨。

【译文】
好雨好像知道节令,到了春天就及时赶来。

【原作】
好雨知时节,当春乃发生。随风潜入夜,润物细无声。野径云俱黑,江船火独明。晓看红湿处,花重锦官城。

【作者小传】(见第4页)

整整一个严冬,大诗人杜甫都在家中读书作诗。他很想出去走走。诗人喜欢放眼广阔的宇宙天地,他心中装着人间的喜怒哀乐。

夜里,杜甫躺在床上,算算日子,冬天只剩尾声,春天已经来临,不禁兴奋起来。春天,万物萌芽,复苏生长,人的精神也会振作起来,用自己的辛勤劳动,把春天的百花园打扮得更加美丽可爱。

正在联想之中,忽听到屋外有淅淅沥沥的声音,杜甫翻身坐起,侧耳细听,"下雨了!下雨了!"他兴奋地披衣下床,推开窗子,外面已是细密的雨的世界。他伸手出去,清凉的雨点滴在手心上,凉意传到体内,周身都觉得非常舒坦。"真是好雨啊!好雨是知道季节的。春天来了,万物生长要雨水滋润,好雨多么及时哟!"杜甫对这场春雨充满了敬意。

诗人对着窗外浮想联翩。柔和的风里夹着细丝,不时地飘几滴进来。"好雨",好在一点儿都不声张,悄悄地在夜里来临。它不像夏季的雷雨,劈劈啪啪的,也不像秋冬时节的雨,伴随冷风,凝成冰雪。真希望这"好雨"下得透一些!这不,田野小路一片漆黑,只有江上小船亮着灯火,雨会下到天亮的。明天早上,整个成都城会开出红艳艳的鲜花,这就是好雨的功劳啊!这时候,杜甫毫无睡意,诗兴大发,立刻吟出了一首《春夜喜雨》诗,而"好雨知时节,当春乃发生"便是这首诗中的名句。

赏析

"好雨知时节,当春乃发生",诗人用拟人的手法,赞美好雨降临。在春天万物正当需要雨的时候,就及时降临,好像有知觉似的。一个"好"字,表达赞颂之情,流露了不能自抑的喜悦。一"知"一"乃",妙笔生花,活灵活现,将雨人格化,颇具人情味。后人用此句表达对朋友间危难之时及时相助的感激之情。

何当共剪西窗烛,却话巴山夜雨时

【名句】

hé dāng gòng jiǎn xī chuāng zhú　què huà bā shān yè yǔ shí
何　当　共　剪　西　窗　烛①,却　话　巴　山　夜　雨　时②。

【出典】

李商隐《夜雨寄北》。

【注释】

①何当:何时。剪:指剪去烛花,使烛光明亮。
②却:回溯,回转。话:谈论。

【译文】

何时我们才能相依在西窗下共剪烛花,告诉你在巴山夜雨中我的凄凉和思念。

【原作】

君问归期未有期,巴山夜雨涨秋池。何当共剪西窗烛,却话巴山夜雨时。

【作者小传】(见第38页)

故事

公元838年,李商隐从长安前往泾川(在今甘肃),正式投到泾原节度使王茂元幕下,担任了掌书记的职务。王茂元对李商隐的才学十分器重,不但优礼相待,而且还把最小的女儿嫁给了他。

当时朝廷上牛、李两党的斗争已经十分尖锐。牛党的令狐绹一向把李商隐视为知己,帮助他考中过进士。现在李商隐却成了李党王茂元的女婿,不能不引起令狐绹的切齿痛恨。从此他便在政治上处处排挤和打击李商隐。

不久,李商隐到长安去参加博学鸿词科考试。由于文章写得很好,初审时已经被吏部录取,但在上报中书省时,却意外地遭到了黜落。很明显,这是牛党从中作梗的结果。李商隐感到十分气愤。

王氏在泾川得到李商隐落选的消息,立即派人送去一封书信,宽慰李商隐不要灰心气馁,并劝他早日回家相聚。

第二年春天,李商隐终于通过考试,被朝廷任命为秘书省校书郎。可是只过了几个月,一纸诏书又把他调到潼关以东的弘农(今河南灵宝北)去担任县尉。他不得不怀着抑郁的心情告别王氏,赶到弘农去上任。

在以后的几年里,他南北奔波,远离家乡,久久不能与王氏见面。因此他经常感到闷闷不乐,难以释怀。

公元847年,李商隐已经36岁,政治上仍然毫无建树。这时,属于李党的给事中郑亚忽然被任命为桂管防御观察使,要到西南的桂州(今广西桂林)去上任。他很赏识李商隐的才华,聘请李商隐做他的幕僚。李商隐欣然同意了。

当时,李商隐一家已迁到长安居住。入夜以后,王氏为丈夫整好行装,就和李商隐坐在烛光下殷勤话别。她想到桂州离长安有两千多里,李商隐此去不知何时才能归来,辛酸的泪水不由模糊了她的两眼。

李商隐来到桂州后,郑亚对他非常器重,特地派他作为专使到江陵去处理公务。第二年正月,李商隐刚返回桂州,郑亚又请他前往昭平代理太守之职。对于这些礼遇和信任,李商隐心里十分感激。

可是时隔不久,一场意外的变故发生了。牛党中的白敏中、令狐绹等人,趁宰相李德裕被罢官贬谪的机会,落井下石,对李党进行了全面的排挤和打击。二月间,郑亚接到朝命,被贬往循州(今广东惠州市东)去做刺史。

郑亚贬往循州后,李商隐失去了政治上的依靠,只好离开桂州,去投奔当时正担任节度使的远房表兄杜悰。

就在这时候,李商隐忽然收到了王氏从长安的来信。信中除了向他倾吐相思之情外,还问他何时才能返回家园。李商隐含着眼泪读完以后,仍然决定先到西川一走,等事业上有了成就,再回去同王氏团聚。

第二天,李商隐从荆州乘船溯江西上,经过一个多月的航程,终于来到山城夔州。这时天气忽然骤变,暴雨连绵不断,江上白浪翻滚,惊涛拍岸,船只根本无法开航。李商隐只好在城中暂住下来。

窗外响着淅沥的雨声,雨水注满了院中的池塘,绵延高耸的巴山也仿佛沉浸在一片雨雾之中。李商隐对着昏黄的灯光,细细重读妻子的来信,一年以前他在长安同王氏剪烛西窗、殷勤话别的情景忽然清楚地映现在眼前。

深厚的情谊、无限的思念,就在一刹那间奔涌到李商隐的心头,汇成了一首传诵千古的名作《夜雨寄北》,而"何当共剪西窗烛,却话巴山夜雨时"就是这首诗中的名句。

赏析

诗人因事停留在外地,非常思念自己的妻子,于是便幻想与妻子团聚的情景。构思新奇,情真意浓,字字如从心中迸出。想象归后"共剪西窗烛",则此时诗人归思难收之状及怀"君"之殷,不明言而自见。拟想他日重聚,"却话巴山夜雨时",则此时"巴山独听雨"的孤寂、苦闷也不难想见;而将来晤叙的话题,却正是今夕"巴山"听雨、作诗寄远的情景。这样,以相会时的愉悦,反衬出此刻的痛苦,今夜的苦情又成日后的谈资,增添重逢时的欢乐。现在多用这两句诗来表达想念同窗好友、想念亲人的感情。

忽如一夜春风来,千树万树梨花开

【名句】

hū rú yí yè chūn fēng lái　qiān shù wàn shù lí huā kāi
忽 如 一 夜 春 风 来①,千 树 万 树 梨 花 开②。

【出典】

岑参《白雪歌送武判官归京》。

【注释】

①忽如:忽然之间像。

②千树万树:无数树上的枝枝权权。

【译文】

就好像一夜之间有春风吹来,千树万树满是梨花盛开。

【原作】

北风卷地白草折,胡天八月即飞雪。忽如一夜春风来,千树万树梨花开。散入珠帘湿罗幕,狐裘不暖锦衾薄。将军角弓不得控,都护铁衣冷难著。瀚海阑干百丈冰,愁云惨淡万里凝。中军置酒饮归客,胡琴琵琶与羌笛。纷纷暮雪下辕门,风掣红旗冻不翻。轮台东门送君去,去时雪满天山路。山回路转不见君,雪上空留马行处。

【作者小传】

岑参(约715~770),原籍南阳(今属河南),迁居江陵(今属湖北)。出身仕宦家庭。早岁孤贫,遍读经史。20岁至长安,求仕不成,奔走京洛,漫游河朔。天宝三载(744)中进士。八载、十三载两次出塞任职。回朝后,任右补阙、起居舍人等职。大历间官至嘉州刺史,世称岑嘉州。后罢官,客死成都旅舍。岑参早期诗歌多为写景、述怀及赠答之作。山水诗风格清丽俊逸,但语奇体峻,意境新奇;感伤不遇,嗟叹贫贱的忧愤情绪也较浓,如《感遇》、《精卫》、《暮秋山行》、《至大梁却寄匡城主人》等。六年边塞生活,使岑参的诗境界空前开阔,造意新奇的特色进一步发展,雄奇瑰丽的浪漫色彩成为他边塞诗的基调,代表作有《白雪歌》、《走马川行》、《轮台歌》。此外,他还写了边塞风俗和各民族的友好相处以及将士的思乡之情和苦乐不均,大大开拓了边塞诗的创作题材和艺术境界。

岑诗的主要思想倾向是慷慨报国的英雄气概和不畏艰难的乐观精神;艺术上气势雄伟,想象丰富,夸张大胆,色彩绚丽,造意新奇,风格峭拔。他擅长以七言歌行描绘壮丽多姿的边塞风光,抒发豪放奔腾的感情。唐人杜确编有《岑嘉州诗集》。

故事

唐玄宗天宝十三年(754)八月,在安西北庭节度使封常清的主帅营帐里,正在大摆酒宴,好不热闹。边塞诗人岑参对坐在身旁的中年男子频频劝酒。这

个中年男子,是岑参的前任武判官,他即将离开军营回京城长安。

突然间,酒桌上有一个同僚站起来说:"都知道岑兄诗名卓著,今武兄即将离去,何不吟诗一首?"大家马上附和。

岑参笑了笑,把杯中的酒一饮而尽,站起身来,对诸位同僚说:"我同武兄相交一场,情同手足,今武兄离任而去,小弟理当献丑,不过——"岑参有意顿了一下。

大家议论纷纷地追问:"怎样?怎样?"

岑参接着说:"好诗还需借助酒兴。咱们再干一杯,去帐外欣赏一下北国风雪交加的奇景,那时我的诗也就作成了。"

大家拍手称妙,连连点头称是。

岑参信步走出帐外,看到了一幅气势壮阔的塞外风景图:北风卷地,白草摧折,边塞的八月飞起了满天风雪。夜降飞雪漫天皆白,遍地碎玉,玉树琼枝,有如千树万树的梨树花盛开。这时,片片雪花轻轻地飘落到珠帘帐幕上,使人顿觉边塞奇寒,狐裘也感不到暖,就连裹着的软和锦衾也觉得单薄。因为边塞气候实在寒冷,角弓受寒而弦僵硬,铁衣冰冷难穿。诗人又抬头看看远处,浩瀚无边的沙漠覆盖着百丈冰层,愁云惨淡布满了万里天空。就在这冰天雪地里,中军帐里摆酒宴为朋友武判官送行,弹起胡琴、琵琶,吹奏羌笛来助兴。酒宴快散时,时间已近黄昏,辕门外大雪还在纷纷飘落,红旗冻得风也吹不动。就在此刻,诗人在轮台东门外与朋友武判官告别,离去时茫茫大雪封住了天山的道路。诗人送友归来,峰回路转,思念着去时与武判官相伴,而今不见友人,只看到友人走后雪地上留下的一行马蹄印。

诗人送走朋友后,热酒下肚,诗兴上涌,蘸上浓墨,铺开纸张,于是奋笔疾书写了一首《白雪歌送武判官归京》诗,而"忽如一夜春风来,千树万树梨花开"就是这首诗中的名句。

赏析

"忽如一夜春风来,千树万树梨花开"是千古名句,它集六朝初唐咏雪佳句之大成,而又高出一筹。岑诗不仅把风雪严寒的北国景象写成了春意盎然、清香扑鼻、温暖宜人的南国美景,而且是用千树万树这样宏大而整体的景物来设喻,显得气势磅礴。诗人竟能在送别诗中,将边地雪景写得如此壮美,这是极为难能可贵的。

回眸一笑百媚生，六宫粉黛无颜色

【名句】

huí móu yí xiào bǎi mèi shēng　liù gōng fěn dài wú yán sè
回 眸 一 笑 百 媚 生①，六 宫 粉 黛 无 颜 色②。

【出典】

白居易《长恨歌》。

【注释】

①回眸：回头。眸，眼珠。
②六宫：后妃居住之地。粉黛：此作妇女的代称。无颜色：与杨贵妃相比，六宫嫔妃显得不美了。

【译文】

回头一笑就生出千娇百媚，六宫妃嫔都显得黯然失色。

【原作】

汉皇重色思倾国，御宇多年求不得。杨家有女初长成，养在深闺人未识。天生丽质难自弃，一朝选在君王侧。回眸一笑百媚生，六宫粉黛无颜色。春寒赐浴华清池，温泉水滑洗凝脂。侍儿扶起娇无力，始是新承恩泽时。云鬓花颜金步摇，芙蓉帐暖度春宵。春宵苦短日高起，从此君王不早朝。承欢侍宴无闲暇，春从春游夜专夜。后宫佳丽三千人，三千宠爱在一身。金屋妆成娇侍夜，玉楼宴罢醉和春。姊妹弟兄皆列土，可怜光彩生门户。遂令天下父母心，不重生男重生女。骊宫高处入青云，仙乐风飘处处闻。缓歌慢舞凝丝竹，尽日君王看不足。渔阳鼙鼓动地来，惊破霓裳羽衣曲。九重城阙烟尘生，千乘万骑西南行。翠华摇摇行复止，西出都门百余里。六军不发无奈何，宛转蛾眉马前死。花钿委地无人收，翠翘金雀玉搔头。君王掩面救不得，回看血泪相和流。黄埃散漫风萧索，云栈萦纡登剑阁。峨嵋山下少人行，旌旗无光日色薄。蜀江水碧蜀山青，圣主朝朝暮暮情。行宫见月伤心色，夜雨闻铃肠断声。天旋地转回龙驭，到此踌躇不能去；马嵬坡下泥土中，不见玉颜空死处。君臣相顾尽沾衣，东望都门信马归。归

来池苑皆依旧,太液芙蓉未央柳。芙蓉如面柳如眉,对此如何不泪垂。春风桃李花开夜,秋雨梧桐叶落时。西宫南苑多秋草,落叶满阶红不扫。梨园弟子白发新,椒房阿监青娥老。夕殿萤飞思悄然,孤灯挑尽未成眠。迟迟钟鼓初长夜,耿耿星河欲曙天。鸳鸯瓦冷霜华重,翡翠衾寒谁与共?悠悠生死别经年,魂魄不曾来入梦。临邛道士鸿都客,能以精诚致魂魄。为感君王辗转思,遂教方士殷勤觅。排空驭气奔如电,升天入地求之遍。上穷碧落下黄泉,两处茫茫皆不见。忽闻海上有仙山,山在虚无缥缈间。楼阁玲珑五云起,其中绰约多仙子。中有一人字太真,雪肤花貌参差是。金阙西厢叩玉扃,转教小玉报双成。闻道汉家天子使,九华帐里梦魂惊。揽衣推枕起徘徊,珠箔银屏迤逦开。云鬓半偏新睡觉,花冠不整下堂来。风吹仙袂飘飘举,犹似霓裳羽衣舞。玉容寂寞泪阑干,梨花一枝春带雨。含情凝睇谢君王,一别音容两渺茫。昭阳殿里恩爱绝,蓬莱宫中日月长。回头下望人寰处,不见长安见尘雾。唯将旧物表深情,钿合金钗寄将去。钗留一股合一扇,钗擘黄金合分钿。但教心似金钿坚,天上人间会相见。临别殷勤重寄词,词中有誓两心知。七月七日长生殿,夜半无人私语时。在天愿作比翼鸟,在地愿为连理枝。天长地久有时尽,此恨绵绵无绝期。

【作者小传】

白居易(772~846),字乐天,晚号香山居士、醉吟先生,祖籍太原(今属山西),徙居下邽(今陕西渭南),生于郑州新郑(今属河南)。建中三年(782),随父至徐州别驾任所,次年避乱至越中。贞元十六年(800)登进士第。任翰林学士,以直谏为权豪所忌。因上书请捕刺杀宰相武元衡之凶手,执政恶其越职言事,贬江州司马。后闲居洛阳,皈依佛教,以诗酒自适。卒,谥曰文。初与元稹并称"元白",同为中唐新乐府倡导者,后又与刘禹锡并称"刘白"。感伤诗《长恨歌》、《琵琶行》是唐代长篇叙事诗名作,明何良俊誉为"古今长歌第一"(《四友斋丛说》)。杂律等小诗亦以通俗浅易、清新明快见长。《暮江吟》、《钱塘湖春行》、《赋得古原草送别》、《问刘十九》均脍炙人口。盖其诗变格入俗,风靡一时,远播海外,对后世影响巨大。《忆江南》、《竹枝》、《长相思》清丽婉约,为唐代词作名篇。亦擅古文,《与元九书》议论犀利,情文并茂,为唐代文论名作。《庐山草堂记》、《养竹记》、《冷泉亭记》、《荔枝图序》等文亦疏畅条达,意味隽永,为世传诵。著有《白氏长庆集》七十五卷、《白氏经史事类》(一名《六帖》)三十卷。

故事

唐宪宗元和元年(806),冬季十二月份,诗人白居易从校书郎的职务改授周至(今陕西周至)县尉。这样的官职,他当然不能感到满意,所以,他平时经常深入到人民群众中去,广交朋友。

当时,文学家陈鸿和王质夫两人,都住在周至县城。他俩与白居易志趣相投,成为要好的朋友。三人经常在一起喝酒吟诗,谈古论今,登山临水。

有一天,他们三人空闲,没有事干,于是相约一起逛仙游寺。

三人在仙游寺前,搞了一个小型的酒宴。酒酣意浓时,他们谈笑风生,纵谈历史事件,王质夫突然提到:"本朝之事,以玄宗皇帝和杨玉环的爱情悲剧故事,最为凄婉动人。"话刚出口,陈鸿便接口道:"是啊,李、杨故事,确实令人难以释怀。"白居易说:"我对这故事,也早已耿耿在心矣。"三人相对叹息,酒杯也放下了。

过了一会儿,王质夫斟了一杯酒,送到白居易面前,说:"啊,这世上少有的事,不遇见世上少有的人才给加工润色,恐怕也随着时间的流逝而消失,不能在世上传闻了。乐天兄善于作诗,而且还是多情之人啊,请试着写一首诗歌,怎么样?"陈鸿当即随声附和。

白居易见两人诚恳的神情,心中不禁怦然而动。他略微思索了一下,叫人拿来纸、墨、砚、笔,一挥而就,写下了名传千古的著名诗篇——《长恨歌》,"回眸一笑百媚生,六宫粉黛无颜色"便是这首诗中的名句。

赏析

关于唐玄宗李隆基和他的妃子杨玉环的爱情故事,在"安史之乱"后,就在民间广泛流传,而且情节不断地有所增添,婉约动人,创造了蜀道闻铃、仙山访晤、七夕盟誓等富有传奇性的情节。而白居易的《长恨歌》把史实、传说、艺术虚构结合起来,以浓郁的抒情笔调,第一次完整地叙述了李、杨爱情悲剧故事的始末。"回眸一笑百媚生,六宫粉黛无颜色",这两句诗自唐以来,便成为描写杨贵妃之美的绝唱。白居易用夸张的手法,极力地描写出了杨贵妃的妩媚、娇美。

会当凌绝顶，一览众山小

【名句】

huì dāng líng jué dǐng　yì lǎn zhòng shān xiǎo
会 当 凌 绝 顶①，一 览 众 山 小②。

【出典】

杜甫《望岳》。

【注释】

①会当：定要。凌：登上。绝顶：山的顶峰。
②一览：一眼看去。

【译文】

等有一天我要攀上泰山顶峰，看脚下的群山是那样的低矮和渺小。

【原作】

岱宗夫如何？齐鲁青未了。造化钟神秀，阴阳割昏晓。荡胸生层云，决眦入归鸟。会当凌绝顶，一览众山小。

【作者小传】(见第4页)

杜甫在年纪很轻的时候，就学有所成，读了大量书籍，作起诗来好像有神助一般，辞赋可以敌过扬雄，诗篇可以接近曹植。他总觉得自己可算是一个出类拔萃的人才了，一到京城，就会青云得志，马上在朝廷上得到一个重要的位置，上辅天子，下教百姓，移风易俗，把国家推向太平盛世。

唐玄宗开元二十三年(735)，杜甫24岁，来到洛阳参加进士考试，结果榜

上无名。诗人感到很懊恼,但他年轻气盛,考场得失,并不过于在意,而是积极投入到对美好生活的追求中。

于是,杜甫兴致勃勃地开始了漫游生活。他第一次来到了齐鲁,决心攀登向往已久的东岳泰山。

到了泰山脚下,诗人放眼望去,只见拔地而起的泰山,巍峨耸立,树木葱郁,云雾萦绕,气象万千,他想起了孟子的话"登东山而小齐鲁,登泰山而小天下",情不自禁地对泰山油然而生敬意。

这时候,诗人激情上涌,想象着登山途中的感受和攀上峰顶的乐趣。为了描绘泰山的壮丽景色,抒发自己的抱负,于是挥笔写了《望岳》诗,吟出了"会当凌绝顶,一览众山小"的千古名句。

赏析

这首诗写于杜甫年轻之时,当时他正过着"裘马颇清狂"的漫游生活,字里行间洋溢着青年杜甫那种蓬蓬勃勃的朝气。这两句诗笔力雄浑,格调高昂,写作者由仰望泰山而产生的登临绝顶的愿望。诗人通过想象的情景来衬托渲染眼前的情景。"凌"字表现了诗人登临泰山顶峰的决心和豪迈气概,也是诗句千百年来一直广为传诵的原因所在。

花径不曾缘客扫,蓬门今始为君开

【名句】

huā jìng bù céng yuán kè sǎo　péng mén jīn shǐ wèi jūn kāi
花　径　不　曾　缘　客　扫①,蓬　门　今　始　为　君　开②。

【出典】

杜甫《客至》。

【注释】

①花径:花木间的小路。缘:因为。
②蓬门:柴门。君:指亲朋崔明府。

【译文】

花间小路,不曾因为有客而清扫,这柴门今天才为您来而打开。

【原作】

舍南舍北皆春水,但见群鸥日日来。花径不曾缘客扫,蓬门今始为君开。盘飧(sūn)市远无兼味,樽酒家贫只旧醅。肯与邻翁相对饮,隔篱呼取尽余杯。

【作者小传】(见第4页)

故事

杜甫作为一个诗人,感情率真,心胸坦荡。他与社会各阶层的人都有交往。上至王侯将相,下到平民百姓,有不少人与他结下了深厚的友谊。诗人、艺术家当中,更有许多知交,每当人们提到杜子美,无不称赞他高尚的品质。杜甫也从朋友那里学到许多东西,把朋友们作为自己写诗的题材。

"安史之乱"爆发后,杜甫来到成都,居住在浣花溪畔的草堂。这里,地处偏僻,加上杜甫初到成都无亲无故,所以他与外界的交往很少。上元二年(761)的春天,忽然有一位叫崔明府的县令来访,他就是杜甫的母舅崔顼。杜甫一见,喜出望外,欣喜万分。诗人待客至诚实在,觉得没有几样好菜,家境贫寒,杯子里只有一些陈酒。两位至亲,意外相逢,越是喜悦,酒意越浓;酒意越浓,情谊越觉得深挚;而情谊深挚,更觉得喝酒兴致很高。喝到最后,只剩下一点儿酒了,杜甫建议把邻叟请来共饮助兴。于是,杜甫在酒酣时,为了抒发他的生活情景和待人的诚恳热情,也为了表现他诚朴率真的品质,挥笔写了一首《客至》诗,而"花径不曾缘客扫,蓬门今始为君开"就是这首诗中的名句。

赏析 shang xi

杜甫写这首诗时,客居成都草堂,从未有人来访。有一天,亲朋突然来访,内心非常高兴,便作此诗。"花径不曾缘客扫,蓬门今始为君开",从这两句诗中可以看出,寂寞之中,情谊非同一般的崔明府来访,使诗人欣喜万分。这两句写老友会面时的情景,情真意切。

海内存知己,天涯若比邻

【名句】

hǎi nèi cún zhī jǐ　tiān yá ruò bǐ lín
海 内 存 知 己①,天 涯 若 比 邻②。

【出典】

王勃《送杜少府之任蜀州》。

【注释】

①海内:即天下。存:有。
②天涯:天边。比邻:近邻。

【译文】

四海内有朋友心心相连,天边海角好似亲密近邻。

【原作】

城阙辅三秦,风烟望五津。与君离别意,同是宦游人。海内存知己,天涯若比邻。无为在歧路,儿女共沾巾。

【作者小传】(见第72页)

王勃在少年时就显露出了出众的才华,6岁能写诗作文,15岁时应举及第,被誉为神童,授了官职。

那时,贵族高官盛行斗鸡,许多闲得无聊的王爷们把这当做了生活的一部分。斗鸡有输有赢,赢了就高兴万分,到处吹嘘自己;输了就恨天怨地,总想乘机报复,由此便生出许多是非来。王勃年少气盛,有一次替某王爷写了一篇檄

文,声讨另一王爷的斗鸡。这本是开玩笑的事,被唐高宗知道后却当了真,认为王勃是在挑拨诸王,造成不和,当即勃然大怒,革了他的职。

此后,王勃也曾做过几任小官,都因故被革职。

约在王勃25岁时,为到海南探望做官的父亲,路过南昌滕王阁。那天正是重阳节,秋高气爽,都督阎伯屿在阁上大宴宾客,主要是准备借机显显他女婿的文才。阎都督在席上假请众位宾客写文,大家心里明白,都推辞了,让这位女婿把事先准备好的文章抄写出来。惟有王勃这个不速之客,竟然接过纸笔便写了一篇《滕王阁序》,文中佳句叠出,美不胜收。后来王勃渡海时不慎落水,一代诗人便受惊去世了。

王勃的诗,决不输于他的文章。有一次,他在京都长安,送一位姓杜的朋友到蜀地(今四川省)任县尉时,他举目看到长安城被辽阔的三秦地区拱卫着,偏僻的蜀地在风烟迷蒙中望也望不清。跟朋友分别,境况同是一样,大家都离乡背井在官场中沉浮。于是发自内心的名句"海内存知己,天涯若比邻"挥笔立就,这就是《送杜少府之任蜀州》中的两句诗。

这首诗写得黯然伤情,却有积极高昂的情调。"海内存知己,天涯若比邻"是至今传诵的名句。

赏析

"海内存知己,天涯若比邻",这是王勃对友人的劝慰,是千古名句。你我虽然天各一方,但只要知心朋友存在,也如近在咫尺之间。我们的心紧紧相挨着,我们的感情紧紧相通,我们的友谊不会因为山高路远而消失,而是会变得更加美好。诗人用豪迈的语言,鼓励友人振作精神,勇敢地鼓起新生活的勇气。深刻地表现出诗人乐观豁达的胸襟和对友人的真挚情谊。

海日生残夜,江春入旧年

【名句】

hǎi rì shēng cán yè, jiāng chūn rù jiù nián
海 日 生 残 夜①,江 春 入 旧 年②。

【出典】

王湾《次北固山下》

【注释】

①残夜：夜将尽未尽时。
②江春入旧年：江上春早，旧年未过新春已来。

【译文】

海上的太阳在残夜里升起，江上的新春早早来到了旧年。

【原作】

客路青山外，行舟绿水前。潮平两岸阔，风正一帆悬。海日生残夜，江春入旧年。乡书何处达？归雁洛阳边。

【作者小传】

王湾，洛阳人。先天元年(712)登进士第。开元初，任荥阳主簿。五年(717)，参与修撰《群书四部录》。出为洛阳尉。词翰早著，曾往来吴楚间，作《次北固山下》(一名《江南意》)诗，脍炙人口，其"海日生残夜，江春入旧年"之句，唐殷璠评为"诗人以来少有"，张说曾手题于政事堂，令为楷式。《全唐诗》存其诗十首，《全唐文》存其文一篇。

故事

唐玄宗时期，有一位非常著名的人物，就是中书令、燕国公张说。他是一位文学家，文辞俊丽，构思精密，朝廷重要的文件，大都是他的手笔。他与另一位名家——许国公苏颋，合称"燕许大手笔"。他同时又是一位出色的政治家，是开创开元盛世的一代名臣。他喜欢提携后进，延纳贤才，很受当时文人士子的尊敬。

王湾是一个不太显达的诗人，在官场上默默无闻。但他才华横溢，诗文在当时已崭露头角，他爱去南方吴楚一带旅游。他前去江南途中，经过镇江，停舟北固山下，看到了江南的青山绿水。江潮上涨后，江面宽阔，潮水浩渺、风势正顺，白帆高悬，舟行迅速，这场面多么宏大，气象多么开阔。此刻，残夜将尽未

· 100 ·

尽，天色欲晓，诗人极目远眺，但见江水东流入海，一轮红日已经从海上涌起；江南的春天来得早，旧年还未过去，已呈现出一片温暖的春意。诗人抬头看到晴空中北归的鸿雁，想起了"雁足传书"的故事，希望托大雁将家书捎到洛阳。为此，王湾为了描绘江南残冬的明媚风光，抒发自己的怀乡情思，于是情不自禁地吟了这首千古名篇《次北固山下》，"海日生残夜，江春入旧年"就是这名篇中的名句。

张说在担任宰相时，读到王湾这首诗，禁不住拍案叫好，在办公的政事堂上，亲手写下这诗中的两句诗："海日生残夜，江春入旧年。"张说不仅自己在公事之余反复吟味，还让朝内的其他读书人认真观摩学习。由此可见，王湾这首诗在当时很受推崇。

赏析

"海日生残夜，江春入旧年。"这两句诗由空间的景色描绘转向对时间季节的抒写，是历来为人们所称道的名句。这时候，残夜将尽未尽，天色欲晓，诗人极目远眺，但见江水东流入海，一轮红日已经从海上涌起，江南的春天来得早，旧年还未过去，已呈现出一派温暖的春意。这两句写得独具慧眼，道人所不能道，别致奇妙，很有新意。"日"和"春"都是美好事物的象征，在诗人笔下显得春意盎然，生气勃勃，给人以美的享受。"生"字，表现出太阳无比坚强的生命力；"入"字，写出江南春早给人们带来的惊喜，带来了憧憬和希望。此诗炼词炼句，别具匠心，毫无雕琢痕迹，妙趣天生。

鸡声茅店月,人迹板桥霜

【名句】

jī shēng máo diàn yuè, rén jī bǎn qiáo shuāng
鸡声茅店月①,人迹板桥霜②。

【出典】

温庭筠《商山早行》。

【注释】

①茅店:茅草屋的旅店。
②人迹:人走过的痕迹。

【译文】

雄鸡晨啼,荒村茅店的上空还挂着残月,足迹纷纷,木板桥覆盖着早春的寒霜。

【原作】

晨起动征铎,客行悲故乡。鸡声茅店月,人迹板桥霜。槲叶落山路,枳花明驿墙。因思杜陵梦,凫雁满回塘。

【作者小传】

温庭筠(约801~866),唐代诗人、词人,本名岐,字飞卿,太原祁(今山西祁县)人。约48岁被授隋县尉,其后曾为幕府僚吏,任方城尉,至国子助教。年轻

时苦心学文,才思敏捷,精通音律,善鼓琴吹笛。他喜纵酒放浪,一生不受羁束,喜讥刺权贵,因此不为时俗所重,坎坷潦倒一生。其诗与李商隐齐名,七言乐府师法李贺,或寄吊古兴亡之慨,或写边塞荒寒之景,或述田家务农之劳苦。近体诗反映现实面更广泛,涉及羁旅行役、友朋寄赠、身世感慨、咏史咏物等多方面内容,不时发出壮志难酬、怀才不遇的浩叹。

温庭筠是文人中第一个大量写词的人,是"花间派"词的先导,对词的发展有很大影响。他的词多写妇女生活,除常见的闺阁、歌伎题材外,还有写成妇思念征夫、女道士、祠庙赛神、采莲女子的爱情和商妇的相思等。温词的风格以秾丽绵密为主,多用比兴,以景寓情。温庭筠在创造词的意境上表现了杰出的才能,他善于选择富有特征的景物构成艺术境界,表现人物的情思。其词在写景、述事中含蓄着主人公深沉的感情,与李煜词的多用赋体、直抒胸臆不同。这一艺术特点,对宋代词人周邦彦、吴文英等有影响。温庭筠加强了词的文采和声情,其句法的参差,叶韵的繁变,情景的交融,有助于词的艺术特征的形成。温庭筠在词艺术方面的探索,对词的发展起了推动作用。温诗今存310首,有清顾嗣立的《温飞卿集笺注》。其作品主要收录在《花间集》、《全唐诗》、《金荃词》、《唐五代词》中。

温庭筠一生怀才不遇,仕途很不得意,这与他傲岸的性格不无关系。

唐宣宗常常喜欢穿着普通人的衣服,在长安城中巡行游赏。有一次,温庭筠在一家客店与唐宣宗相遇,他不认识当今皇上,见唐宣宗虽穿着普通人的衣服,但谈吐不俗,隐隐然有傲慢之气,于是他就傲慢地问唐宣宗:"你是什么?难道是司马、长史(都是刺史的属官)之类的小官?"唐宣宗摇头说:"不是。"温庭筠又说:"要不然就是文学、参军、主簿、县尉等更低级的官吏了?"唐宣宗变色了:"也不是。"

不久,温庭筠被贬为方城(今属河南南阳地区)县尉。诏书中说:"孔门弟子当以德行为第一,文章为末枝,既然你的德行不足取,即使文章好又有什么用!白白有不羁之才,却没有适合当今可用的东西。"

温庭筠这才明白,他冒犯了当今皇帝。于是,只得收拾行装上任去了。途中,经过商山,有感而发,写下了《商山早行》这首著名的诗篇,而"鸡声茅店月,人迹板桥霜"就是这首诗中的名句。

赏析

"鸡声茅店月,人迹板桥霜"是历来脍炙人口的名句。鸡叫头遍,天边挂着残月,茅店的旅人就起身赶路,不料板桥上的晨霜,已印有起得更早的行人足迹,道路艰辛,羁旅愁思,见于言外。清人赵翼《瓯北诗话》评论说,这两句"不着一虚字,而晓行景色,都在目前,此真杰作也。"确实,这十个字,每一个字,每一个词,都是一景,联缀起来,鲜明地画出了一幅荒山早行图,而主人公的形象和愁思都活动在字里行间。这两句名句,给人们留下丰富的想象余地和玩味不尽的诗味。

旧时王谢堂前燕,飞入寻常百姓家

【名句】

jiù shí wáng xiè táng qián yàn　fēi rù xún cháng bǎi xìng jiā
旧时 王 谢 堂 前 燕①,飞入寻 常 百姓家②。

【出典】

刘禹锡《乌衣巷》。

【注释】

①王谢:指东晋以王导、谢安为首的两家最大的士族。
②寻常:平常、普通。

【译文】

旧时豪族王谢堂前的燕子,到如今都飞入普通百姓家。

【原作】

朱雀桥边野草花,乌衣巷口夕阳斜。旧时王谢堂前燕,飞入寻常百姓家。

【作者小传】(见第28页)

故事

在东晋时代,乌衣巷是豪门贵族居住的地方,其中以王导、谢安为首的两家势力最盛。

西晋灭亡后,北方一些少数民族和汉族地主,纷纷建立割据政权,彼此混战,进入十六国时期。而在南方,以建康(今江苏省南京市)为中心,出现了司马睿建立的政权,历史上称为东晋。

东晋是在北方和南方世家大族支持下建立的。特别是王导,是司马睿的主要谋士,是世家大族之间的联络人,对建立东晋,功劳极大。司马睿在登极大典上,竟然要拉着王导与他同坐御床,共受百官朝拜。这是历史上从来没有过的事。只是由于王导坚决推辞,才没有实现。当时,王导位居宰辅,掌握着中央的行政大权,从兄王敦则手握重兵,镇守荆州。其他许多王氏家族中人,大多担任着重要官职。

公元383年,爆发了中国历史上有名的淝水之战,交战的双方是东晋和前秦,东晋的主帅便是谢安,重要将领有谢石、谢玄和刘牢之。淝水之战的胜利,使得谢氏家族势力更强。

在当年,乌衣巷真是车骑喧闹,冠盖相望,风流雅士,点缀升平。但是,昔日的王谢豪门已灰飞烟灭,乌衣巷变得冷落萧条。诗人有感于此,以冷峻的语言,写晋代显赫一时的王谢世族没落后的衰败景象,借古讽今,暗示时下权贵不会有比王谢更好的命运,于是写了《乌衣巷》一诗,而"旧时王谢堂前燕,飞入寻常百姓家"便是这首诗中的名句。

赏析

"旧时王谢堂前燕,飞入寻常百姓家"这两句名句,诗人抓住了燕子作为候鸟有栖息旧巢的特点,含蓄而又深刻地发出了沧海桑田的无限感慨。王、谢府指东晋的开国元勋王导和指挥淝水大战的谢安的府邸。飞燕形象的设计,就极巧妙地把昔日的繁华和富贵,被今天的寂寥和惨淡所代替,今非昔比的情境表现出来了。这两句诗之所以脍炙人口,其原因就是沧海桑田的巨大变化完全蕴藉在含蓄之美中。

君自故乡来,应知故乡事

【名句】

jūn zì gù xiāng lái　yīng zhī gù xiāng shì
君 自 故 乡 来①，应 知 故 乡 事②。

【出典】

王维《杂诗》。

【注释】

①君：对对方的尊称，俗称"您"。
②应知：应该知道，应该晓得。

【译文】

您是从咱们的故乡来的，应该知道故乡的事情。

【原作】

君自故乡来，应知故乡事。来日绮窗前，寒梅著花未？

【作者小传】(见第48页)

　　唐玄宗天宝十四年(755)，安禄山叛乱，第二年攻下长安。唐玄宗仓皇奔蜀，王维和其他许多官员都来不及跟着皇帝逃跑，被敌人俘虏，押到了洛阳。安禄山为了巩固他的统治地位，收买人心，授给许多人官职。王维不愿意做伪官，故意服了泻药，终日拉痢，弄得面黄肌瘦，又装作哑巴，始终不接受伪职。安禄山无奈，只得把他拘禁在晋施寺。
　　有一天，安禄山在洛阳凝碧池宴会，召集梨园乐工歌舞陪宴，乐工们禁不

106

住相对痛哭,王维听到后心中十分悲伤,私下写了一首七绝:

　　万户伤心生野烟,百官何日再朝天。
　　秋槐叶落空宫里,凝碧池头奏管弦。

　　长安收复后,凡是当伪官的都判了罪,王维因为被俘虏时写了这首诗怀念朝廷,传到凤翔,得到唐肃宗的赞扬;他的弟弟王缙平乱有功,请求削官来赎兄罪,因而得到赦免。

　　王维久在异乡客地,忽然有一天遇到了一位从故乡来的朋友,心情十分激动,顿时激起强烈的乡思和急欲了解故乡风物、人事的心情。可是,他不向朋友打听家乡的新朋故友、山川景物、风土人情,却偏偏只问家里的那棵寒梅花开了没有?可见,尽管久别故乡,但诗人王维对故乡的一草一木,仍然是如此的记忆犹新,耿耿于怀。小东西尚且如此,那么故乡的其他事物,对故乡的亲人更不用说了。

　　就在诗人怀念家乡的真挚感情中,他情不自禁地挥笔写了一首思乡曲——《杂诗》,"君自故乡来,应知故乡事"就是这首诗中的名句。

赏　析

　　"君自故乡来,应知故乡事。"这两句诗以淡语化浓情,以絮语传真意。读来生动感人,有隽永之味,无虚饰之态,表现了主人公离家已久,适逢同乡好友,急切询问家乡消息的情景。

开轩面场圃,把酒话桑麻

【名句】

kāi xuān miàn chǎng pǔ　bǎ jiǔ huà sāng má
开 轩 面 场 圃①,把 酒 话 桑 麻②。

【出典】

孟浩然《过故人庄》。

【注释】

①轩:这里指窗户。场圃:晒场和菜园。
②话桑麻:闲谈农家生活和农事。

【译文】

推开窗面对谷场和菜园,举起杯饮美酒闲谈桑麻。

【原作】

故人具鸡黍,邀我至田家。绿树村边合,青山郭外斜。开轩面场圃,把酒话桑麻。待到重阳日,还来就菊花。

【作者小传】(见第20页)

故事

唐玄宗开元十六年(728),大诗人孟浩然到长安考进士。因为他初到长安名望不够,又没有大官的有力推荐,所以考试落第了。落第之后,孟浩然到鹿门山过隐居生活,在那里结交了许多农家好友。

有一天,一位村居的朋友邀请他到家中作客。老朋友准备好了饭菜,热情地招待他。他步行来到这个村庄,放眼看去,近处绿树绕村,远处青山逶迤,景色渐次开阔,色彩十分和谐。当诗人来到朋友家里时,看到他家打开的轩窗十分明亮洁净,面对着打谷场和菜园,那田园风光实在令人陶醉。在席间,他们边喝边谈论农事,心情十分愉快。这真是"酒逢知己千杯少",他们越喝越高兴,越谈越投机,大有相见恨晚之感。酒足饭饱之后,诗人要和朋友告别,并且表示等到重阳节那一天,再来你家饮酒赏菊,表露出朋友间融洽的真挚情谊。那天晚上,诗人从朋友处回到自己家中,夜不能寐,激动万分,欣然命笔,把自己应邀到朋友家作客的经过,写了一首情景交融的叙事诗——《过故人庄》,"开轩面场圃,把酒话桑麻"就是这首诗中的名句。

赏析

"开轩面场圃,把酒话桑麻"这两句名句,表现了农家生活之淳。在暖融融的阳光下,主客打开窗子,举杯畅饮,桌上有热腾腾的鸡黍饭菜,窗外是绿树、青山、场圃、桑麻……人们一边饮酒,一边交谈农事,真可谓"相见无杂言,但道桑麻长"(陶渊明《归田园居》其二),似乎人间诸事,毫无关心之必要。由此可窥见其心地之淡泊,性情之怡然,襟怀之坦荡。后人常用这两句比喻故友重逢,举杯相庆,也表达一种超脱世俗的追求。

可怜身上衣正单,心忧炭贱愿天寒

【名句】

kě lián shēn shàng yī zhèng dān　xīn yōu tàn jiàn yuàn tiān hán
可怜身上衣正单①,心忧炭贱愿天寒②。

【出典】

白居易《卖炭翁》。

【注释】

①衣正单:身上衣服很单薄。
②愿:希望,宁愿。

【译文】

可怜的卖炭老翁,天气如此寒冷,身上的衣服仍很单薄,可心中仍担忧炭价卖不上去,所以希望天气再寒冷一些。

【原作】

卖炭翁,伐薪烧炭南山中,满面尘灰烟火色,两鬓苍苍十指黑。卖炭得钱何所营?身上衣裳口中食。可怜身上衣正单,心忧炭贱愿天寒。夜来城外一尺雪,晓驾炭车辗冰辙。牛困人饥日已高,市南门外泥中歇。翩翩两骑来是谁,黄衣使者白衫儿。手把文书口称敕,回车叱牛牵向北。一车炭,千余斤,宫使驱将惜不得。半匹红纱一丈绫,系向牛头充炭直。

【作者小传】(见第93页)

唐朝时有这样的制度,宫廷里买东西,要有专门的官吏去市场上购买,价

格要与卖主共同协商,公平交易。可到了唐德宗年间,却派皇宫的宦官(太监)直接选购。他们看中了什么就声称皇上要买的,并让卖主亲自送进宫去,付的价钱也不过货物的十分之一,百姓们非常气愤,说这等于强抢,但这是皇上亲自要的东西,白白拿走也是无可奈何的。

天气渐渐冷起来。宫内需要大量的木炭取暖,宦官纷纷来到市场抢购木炭。

这天上午,有一个白发苍苍的老人赶着牛车来到街头卖炭。他满脸灰尘,烟熏火燎的,双手黑黑的。

这时,前面来了两个骑马的人,一个穿着黄色绸缎,一个穿着白色绸缎。两人走到老人面前,并拿出一张纸说:"老头,这车炭皇上要买下了。"

老头高兴地问:"大人给我多少钱?"

宦官回答说:"给你些红纱和绫。"

老头急忙哀求说:"大人,我是在南山砍木柴烧成的炭,天气这样寒冷,道路又这么远,城外的雪有一尺多厚,天还没有亮,我就赶着牛车上路卖炭。这会儿牛累了,我也饿了,我们一家老少都等着我卖了炭钱好买过冬的棉衣和粮食。大人,行行好,给点儿钱吧!"

两个宦官厉声吼道:"少啰唆,快赶车进宫送炭!"

老人没有办法,只好心惊胆战地赶着牛车跟着他们进宫送炭去了。从宫里出来时,宦官只给了他半匹红纱和一丈绫,算是老人的炭钱。

老人泪流满面牵着牛车边走边说:"一车炭,足有一千多斤,只给我这么点儿不值钱的东西,太便宜了。"

白居易目睹了这一悲惨的情景,问明了这里发生的一切,于是写下了这首谴责封建统治者压迫百姓的不朽名作——《卖炭翁》,"可怜身上衣正单,心忧炭贱愿天寒"就是这首诗中的名句。

赏析

白居易的诗通俗易懂,读起来琅琅上口,而且,大多反映社会现实,抨击社会的黑暗,所以深受广大人民的欢迎。这首诗通过对一个卖炭老翁贫困生活的描写以及辛辛苦苦烧出的炭被宫廷爪牙强夺的故事,揭露了唐朝社会的黑暗。"可怜身上衣正单,心忧炭贱愿天寒",名句中,卖炭老翁"衣单",却希望"天寒",通过这一内心矛盾,揭示了在饥寒交迫中挣扎的劳动人民的痛苦。

可怜九月初三夜,露似真珠月似弓

【名句】

kě lián jiǔ yuè chū sān yè　lù sì zhēn zhū yuè sì gōng
可 怜 九 月 初 三 夜①,露 似 真 珠 月 似 弓②。

【出典】

白居易《暮江吟》。

【注释】

①可怜:可爱。
②真珠:珍珠。

【译文】

多么可爱的九月初三的夜晚啊,晶莹的露珠像珍珠,弯弯的月牙像把弓。

【原作】

一道残阳铺水中,半江瑟瑟半江红。可怜九月初三夜,露似真珠月似弓。

【作者小传】(见第93页)

故事

　　唐朝中期政治昏暗,牛李党斗争激烈,白居易尝够了当朝官的滋味,于是上书请求到外地去当官。长庆二年(822),皇帝批准了白居易的请求,白居易赴杭州任刺史。赴任途中,那年九月初三到了一处江边的驿站。当时已是傍晚时分,夕阳染红了天空,那灿烂的道道阳光照射到江面上。江水柔和宁静,那受光多的部分,呈现出一片红色,江面顿时变得色彩绚丽、美妙无穷;受光少的部分,金波粼粼,红碧相间,呈现出深绿色。远远看去,长天江水,相映成趣。

诗人白居易站在江边，被这傍晚迷人的江水陶醉了，竟流连忘返，直到初月升起。这时，凉露下降，江边的草地上挂满了晶莹的露珠。这绿草上的滴滴清露，多么像镶嵌在上面的粒粒珍珠，晶莹明净，清凉爽人；而当他抬头一望，那弯新月，又如同在碧蓝的天幕上，悬挂了一张精巧的弓，精致纯洁，月色宜人。

就这样，大诗人白居易欣赏这江边傍晚的美丽景色，情不自禁地吟了《暮江吟》诗，"可怜九月初三夜，露似真珠月似弓"就是这首诗中的名句。

赏析

"可怜九月初三夜"，点出确切的时间，"夜"字还带出新月初升的景物描写。"可怜"二字点明此诗不仅是纯乎写景，而是染上了内心深处的喜悦赞美之情。"露似真珠月似弓"，清露像珍珠一样，晶莹明净，清凉爽人；那天晚上的一弯新月像一把弓，精致纯洁，月色宜人。露和月乃是秋夜最令人遐想难以忘怀的形象，分别用比喻把它们写出，工致入画。

苦恨年年压金线，为他人作嫁衣裳

【名句】

kǔ hèn nián nián yā jīn xiàn　wèi tā rén zuò jià yī shāng
苦　恨　年　年　压　金　线①，为　他　人　作　嫁　衣　裳②！

【出典】

秦韬玉《贫女》。

【注释】

①苦恨：深恨。压金线：用金线绣花，刺绣的一种。
②他人：指富贵人家。

【译文】

深恨长年累月辛苦地压线刺绣，不停息地为别人做出嫁的衣裳。

【原作】

蓬门未识绮罗香,拟托良媒益自伤。谁爱风流高格调,共怜时世俭梳妆。敢将十指夸纤巧,不把双眉斗画长。苦恨年年压金线,为他人作嫁衣裳。

【作者小传】

秦韬玉,唐诗人,字中明,一作仲明,京兆(今陕西西安)人。累举不第。后依附有权势宦官田令孜,官神策军判官。与同时交游中贵者沈云翔、温宪等合称"芳林十哲"。诗长于七律,《贫女》诗为传世名作。著有《秦韬玉诗集》。

故事

秦韬玉很爱文学,作诗很出色。他早年屡试不第,后来,依附有权有势的宦官田令孜,由田令孜提拔,不到一年,官至丞郎、为保大军(今陕西延安一带)节度使幕下的判官。唐僖宗避难入蜀,他也随驾同行。中和二年(882)礼部侍郎归仁绍主试,唐僖宗特下敕命,赐秦韬玉进士及第,并命礼部把秦韬玉列入及第进士二十四人名额内一起安排官职。后来,田令孜推荐他为工部侍郎。

虽然他依靠宦官,官运亨通。但他在当幕僚时,以自己的文才替人家点缀门面,心里未免感到委屈和悲凉,为了寄托他内美修能、孤芳自赏的情趣,也为了流露自己屈沉下僚、不为世用的苦闷哀怨,于是写了《贫女》诗,"苦恨年年压金线,为他人作嫁裳"便是这首诗中的名句。

赏析

贫女的这两句浸满血泪的话:良媒难托,终身无望,这本已堪伤。眼看富家女个个妙龄而嫁,而自己却为她们缝制婚嫁的衣裳,年复一年,月复一月。此情此景,更是痛苦难言。诗人以"贫女"自喻,抒发了自己年年岁岁为人奔忙、怀才不遇、不为世所用的悲怆感慨,字字酸辛。

两岸猿声啼不住,轻舟已过万重山

【名句】

liǎng àn yuán shēng tí bú zhù　qīng zhōu yǐ guò wàn chóng shān
两　岸　猿　声　啼不住①,轻　舟已过万　　重　山②

【出典】

李白《早发白帝城》。

【注释】

①不住:不止。指此起彼落,连续不断。
②轻舟:轻快的顺水船。

【译文】

两岸不断传来猿猴的叫声,一叶轻舟已驶过重重山岭。

【原作】

朝辞白帝彩云间,千里江陵一日还。两岸猿声啼不住,轻舟已过万重山。

【作者小传】(见第2页)

故事

李白受人举荐，来到了京城长安拜见唐玄宗，被任命为翰林供奉。但因他不愿低眉哈腰去侍奉掌权贵人，便遭人排挤，在朝廷中，度过了一年半时间，由唐玄宗将他"赐金回故里"。从此，李白便四海为家，徜游于祖国的大江南北。

公元755年，掌握了一定军权的大将安禄山勾结史思明叛乱。安禄山从范阳起兵，率领15万大军向南方进军，叛军仅用33天时间便占领了洛阳，随后继续向京城杀去，唐朝军队屡屡败退。安禄山攻占潼关，最后占领了长安城。

唐玄宗带领大臣、嫔妃，狼狈向四川方向逃去。命太子李亨为天下兵马大元帅，又命令第十六个儿子永王李璘负责守卫长江流域的东南一带。

这就是历史上著名的"安史之乱"。

当时诗人李白带领家人漂泊在外，移居他乡。一路上，他亲闻目睹了安史叛军烧杀抢掠，战死的士兵尸躺旷野，血流成河。李白写下了许多忧国忧民、揭发叛军逆行、斥责统治者昏庸的诗篇。

永王李璘接受父王唐玄宗的命令，带兵在南京抵抗叛军，并在长江东南一带招揽人才，征兵买马，补充军队。他听说当时的朝廷贤才李白带着家眷隐居庐山，便几次派人请李白出山，参加出谋划策。李白怀着一腔热血和报效祖国的豪情参加了永王的抗敌大军，李白随军跋涉，久战沙场，并写下了许多豪气万丈、铿锵有力的诗章。

当时太子李亨就要即位，他害怕"安史之乱"后弟弟李璘会同他争夺王位，便谎称永王要叛变造反，随后发兵攻击，很快便打败了李璘的军队，永王也被杀。这样，永王部下很多人受到牵扯和连累，李白逃到彭泽被捕，被流放贵州遵义一带。

公元759年二月，李白在长江三峡一带漫游。一天，他突然听到一个惊人的消息，唐肃宗下令大赦，赦免的人中竟有他。李白高兴万分，悲喜交加，他马上从白帝城（四川省奉节）坐船沿长江向东而去。他当时心情很舒畅，望着群山，看着跟前江流，闻听群山中猿声嚎叫，终于止不住激动的心情，吟出了《早发白帝城》这首千古流传的诗，"两岸猿声啼不住，轻舟已过万重山"便是这首诗中的名句。

赏 析

"两岸猿声啼不住",动中求静,急冲之下暂息片刻,同时,在水声、风声之外,又加之连续不断的猿啼声,显示出长江三峡水急滩险的特征。"轻舟已过万重山",用船速与猿啼的声速作比。"万重山"见距离之长,"已"见船速之快,"轻"既写小船本身,又写诗人心情。现在这两句诗用来形容旅行时乘车、船的轻快感觉,也可以用来形容进行某项事业时轻松的感觉。

两岸青山相对出,孤帆一片日边来

【名句】

liǎng àn qīng shān xiāng duì chū　gū fān yí piàn rì biān lái
两　岸　青　山　相　对　出①,孤　帆　一　片　日　边　来②。

【出典】

李白《望天门山》。

【注释】

①两岸青山:指东、西梁山。
②日边:天边。

【译文】

大江两岸的青山扑面而出,我驾着一叶孤舟从那日边驶来。

【原作】

天门中断楚江开,碧水东流至此回。两岸青山相对出,孤帆一片日边来。

【作者小传】(见第2页)

读故事·学唐诗名句

故事

李白的青少年时代,正是唐王朝无比辉煌的"开元盛世"前期。当时,唐玄宗雄心勃勃,励精图治,国家欣欣向荣,日益强大,给人们带来了无限的希望和鼓舞。

李白从小就胸怀大志,立志要把他的才能贡献给大唐王朝,济苍生、安社稷,建立不朽的功勋。虽然遭遇坎坷,历尽忧患,一次次地失败了,但他为了实现远大的理想,毫不气馁,始终进行着坚持不懈的努力。

李白年轻的心,像长了翅膀,飞到了祖国的四面八方。这一年,他带着书童,从四川出发,由江夏沿江东下。

万里长江水,滚滚向东流。李白和书童一起乘着船,饱览了大江两岸的美好风光。一路上,李白谈笑风生,指点两岸青山,给书童讲历史、人物、名胜古迹、风土人情,主仆二人倒也悠闲自在,兴致勃勃。

他们来到安徽省当涂县境,但见前面有一极为险峻、雄壮的去处:东有博望山(东梁山),西有西梁山,两山夹江而立,对峙如门,这就是有名的天门山。

书童高兴得跳跃欢呼,李白也喜形于色。这时候,书童问道:"公子,这么险峻美妙的景色,你能不作诗吗?"

李白笑吟吟地回答:"仗剑去国,辞亲远游,来到这绝妙佳境,岂能无诗?"于是,他清了清嗓子,朗诵起《望天门山》诗,"两岸青山相对出,孤帆一片日边来"就是这首诗中的名句。

赏析 shang xi

"两岸青山相对出,孤帆一片日边来。"这两句诗是一个不可割裂的整体。诗人观察细微,描写丰富。诗人乘一叶孤帆,从遥远的江面缓缓远来,水流船行,飘移不止,可诗人偏把小船作为静止的观察标准物。不写船动,却言"青山相对出",以动为静,反静为动,使静态景呈现动态美,从而描绘了天门山的雄伟景色,表现了李白对祖国壮丽河山的热爱之情。

118

两个黄鹂鸣翠柳,一行白鹭上青天

【名句】

两个黄鹂鸣翠柳①,一行白鹭上青天②。

【出典】

杜甫《绝句》。

【注释】

①黄鹂:黄莺。
②白鹭:即鹭鸶鸟。

【译文】

两只黄鹂在翠绿的柳枝上鸣唱,一行白鹭飞上了蔚蓝的天空。

【原作】

两个黄鹂鸣翠柳,一行白鹭上青天。窗含西岭千秋雪,门泊东吴万里船。

【作者小传】(见第4页)

公元762年,成都的府尹严武进京上朝,想不到发生战乱,交通堵塞,无法回蜀了。他人在京城,心里还惦记着老朋友——住在成都草堂的诗人杜甫。

杜甫呢,因为打仗,成都的形势很紧张,便随着避难的人群退到了梓州。他也日夜为严武的安全而寝食不安。一天,有人传来消息,说长江上船只不能通行。杜甫心里更加抑郁,战争给人民带来的痛苦,深深地煎熬着诗人的心。

"安史之乱"平定了。公元764年,严武回到成都坐镇。杜甫闻讯,赶回成

都,心里十分欣喜。诗人站在草堂窗前,远眺西山雪岭,岭上千年积雪,亮闪闪的,使人的视野极其开阔。杜甫禁不住走到门口,深深地吸了一口气,慢慢地吐出来,目光转向江边,江上船帆片片,从长江上游东吴驶来的船只已经停泊在这儿了。啊!战争结束了,这可恶的战乱!

这时候,杜甫心里感到十分舒畅,很想吟诗。他绕草堂漫步一周,听新绿的柳树枝头的黄鹂在欢唱,看细腿的白鹭在蓝天自由飞翔。"这是多么生气勃勃的景象呀!"这时候,杜甫诗兴涌来,立即提笔写了一首《绝句》诗,"两个黄鹂鸣翠柳,一行白鹭上青天"就是这首诗中的名句。

赏析

"两个黄鹂鸣翠柳",写两只黄鹂在翠绿的柳树丛中婉转歌唱。以翠绿的柳树衬托黄色的鹂鸟,相映成趣,着色鲜明。一个"鸣"字,是黄鹂声音的描写,活现了黄鹂嬉于柳树丛中的逗人喜爱的情态,仿佛是美妙和谐的音乐,传达出闲适自得的心情,激起人们无穷的遐想。"一行白鹭上青天",写一行白鹭鸟在碧蓝的天空中飞翔。以碧蓝的天空衬托出雪白的鹭鸶,色彩鲜明,这样的境界,充满了无穷的生活情趣。这两句名句,以细腻的笔调写了四种不同事物:黄鹂、翠柳、白鹭、青天。"黄"、"翠"、"白"、"青"的色彩描绘,对比强烈鲜明,构成了一幅层次分明,色彩绚丽的图画。

留连戏蝶时时舞,自在娇莺恰恰啼

【名句】

liú lián xì dié shí shí wǔ　zì zài jiāo yīng qià qià tí
留 连 戏 蝶 时 时 舞①,自 在 娇 莺 恰 恰 啼②。

【出典】
杜甫《江畔独步寻花七绝句(其六)》。

【注释】
①留连:留恋不止,舍不得离去。

· 120 ·

②自在:安闲舒适的样子。恰恰:正好,唐时的口语。

【译文】
流连不舍的蝴蝶不断地在花间飞舞,安闲自在的黄莺在我独步走来时正好啼叫。

【原作】
黄四娘家花满蹊,千朵万朵压枝低。留连戏蝶时时舞,自在娇莺恰恰啼。

【作者小传】(见第4页)

公元762年,也就是唐肃宗宝应元年的春天,杜甫寓居在成都草堂已有两年时间了。这时候,从杜甫个人来看,生活已经相当安定了,暂时摆脱了令人难堪的困境;同时经过两年的苦心经营,诛茅锄草,种树栽花,浣花溪畔的草堂,也颇具规模,这对于经过长期折磨,始而悲号、饱经丧乱、九死一生的杜甫,不能不感到由衷的欣慰。特别是他的世交和挚友严武在上一年(761)的年底到成都任成都尹以后,生活更有了好转。严武非常敬爱杜甫,屡次赠诗馈酒,还邀他作客,劝他做官,并多次携带酒馔亲自来草堂看望他。严武这种异乎寻常的深厚友情,给"飘泊西南天地间"的杜甫更增添了不少快慰。从当时国家的形势来看,"安史之乱"后虽尚未平定,但也不时传来一些鼓舞人心的消息。就在这年春天,在一个风和日丽的日子,杜甫独自沿江漫步,寻花来到黄四娘家的小路上。在这幽静的小路两旁,到处是花,快要把小路堵塞了。那千朵万朵沉甸甸的繁花把枝条都压弯了。

杜甫来到黄四娘家的幽美的环境里感到无限舒适,无比快慰,留恋这美好的风光,久久不愿离去。突然,他发现蝴蝶醉了,在尽情地欢舞,姿态潇洒美妙;黄鹂鸟也醉了,在婉转地歌唱,歌声悦耳动听。啊,这里真是色彩缤纷、自由自在的世界。

诗人杜甫面对着那百花怒放的大好春光,再也按捺不住那欣喜欲狂的心情,于是欣然命笔,写了《江畔独步寻花七绝句》组诗,"留连戏蝶时时舞,自在娇莺恰恰啼"就是其中一首诗中的名句。

赏析

诗人饱经离乱之后,安身成都西郊草堂。春暖花开的时节,沿江畔在去往黄四娘家的小路上沉醉于春意盎然的大好时光里。花可爱,蝶舞美,莺啼娇,诗人的心理上是何等的轻松。读这首绝句,仿佛自己也走在千年前成都郊外那条通往"黄四娘家"的路上,和诗人一同享受那无限春光给予视听的无穷美感。

露从今夜白,月是故乡明

【名句】

lù cóng jīn yè bái　yuè shì gù xiāng míng
露 从 今 夜 白①,月 是 故 乡 明②。

【出典】

杜甫《月夜忆舍弟》。

【注释】

①露:露水。
②明:明亮。

【译文】

白露节到了,露水从今夜即将变白,仰望天空,月亮还是故乡的最明亮。

【原作】

戍鼓断人行,边秋一雁声。露从今夜白,月是故乡明。有弟皆分散,无家问死生。寄书长不达,况乃未休兵。

【作者小传】(见第4页)

故事

杜甫于唐肃宗乾元元年(758),由左拾遗贬为华州(今陕西省华县)司功参军后,当地发生饥荒,便弃官移家秦州(今甘肃省天水市),这时诗人的心情极为苦涩压抑。乾元二年九月,史思明攻陷东京洛阳及济、汝、郑、滑四州。当时,只有弟弟杜占跟随身边,其他三个弟弟杜颖、杜观、杜丰分散在河南、山东等地,由于战争频繁,消息断绝,诗人心头时常萦绕着对弟弟们的无限忧虑、关心和怀念。

乾元二年秋天,白露节的夜晚,清露盈盈,明月朗照,诗人久久不能入睡,只得信步走到室外。望着天空的一轮明月,他思念起长久不通音信的弟弟们,于是写下了《月夜忆舍弟》诗,"露从今夜白,月是故乡明"便是这首诗中的名句。

赏析

诗人流落天涯,思念自己的家乡、亲人,在他的心目中,虽说天涯各地的月亮是一样的,但家乡的一切事物都是美好的。那里的月亮也比异乡的明亮得多,这是诗人的心理幻觉,也是一种曲折含蓄的写法,突出表现了诗人热切的思乡情怀。"露从今夜白,月是故乡明",这两句既是写景,又是写情,景中融情,景随情变。王嗣奭《杜臆》解云:"对明月而忆弟,觉露增其白,但月不如故乡之明,忆在故乡兄弟无故也;盖情异而景为之变也。"后人常引用此句来感慨自己的背井离乡。

落日照大旗,马鸣风萧萧

【名句】

　　luò rì zhào dà qí　mǎ míng fēng xiāo xiāo
　　落　日　照　大　旗①,马　鸣　风　萧　萧②。

123

【出典】

杜甫《后出塞五首(之二)》。

【注释】

①大旗：主帅所用的旗帜。
②萧萧：风声。

【译文】

夕阳晚霞照在军营的大旗上，战马也伴着萧萧的北风不停地嘶鸣。

【原作】

朝进东门营，暮上河阳桥；落日照大旗，马鸣风萧萧。平沙列万幕，部伍各见招；中天悬明月，令严夜寂寥。悲笳数声动，壮士惨不骄；借问大将谁？恐是霍嫖姚。

【作者小传】(见第4页)

故事

唐朝天宝元年(742)起，安禄山先后兼任了平卢、范阳、河东三节度使，掌握了大量军队。今河北、内蒙、东北及黑龙江以北，乌苏里江以东广大地区，基本上是安禄山的势力范围，成为"兵雄天下"的最大军阀。

安禄山，原是胡人，出身贫寒，懂得六种少数民族语言，当过管理边境贸易的小吏。后来，他成为幽州节度使张守珪的部下，靠俘虏、屠杀契丹少数族人得到提拔，此后，他以大量财货贿赂杨贵妃和奸相李林甫，以奇珍异物贡献唐玄宗，因而得到宠信。安禄山拜杨贵妃为干母，虽然屡战屡败，却不断加官晋爵，一直成为大军阀。

安禄山早就怀有夺取唐朝统治权的政治野心。他在政治、军事和经济等方面进行了精心经营和周密策划。他在范阳积极扩充力量，招兵买马，积草屯粮，提拔重用胡人将领，撤换汉人军官。

安禄山叛乱阴谋，日益暴露，太子和一些大臣屡次上奏，唐玄宗都不相信。

天宝十四年(755)十一月，安禄山以"忧国之危"、"奉密诏讨杨国忠"为借口，发兵15万反于范阳。这就是历史上的"安史之乱"。

杜甫为了揭露安禄山扩充兵力，拥兵自重，阴谋叛乱的罪恶活动，也为了

批评唐玄宗好大喜功,宠信边将,养痈遗患,造成安禄山叛乱,于是以一个被安禄山召募去的士兵的自叙口吻,写了《后出塞五首(之二)》诗,"落日照大旗,马鸣风萧萧"便是这首诗中的名句。

赏析

"落日照大旗,马鸣风萧萧",写傍晚塞地行军景象,是杜诗中的名句。既有色彩的描绘,又有声音的渲染,真是有声有色。写景苍劲雄浑,气势磅礴,形象鲜明而带有悲壮意味,人物的主观感受和情绪情调十分协调。这两句诗,手法高明。句中静中有动,写出了落日大旗交相辉映的色彩,展示了大旗随风飘动的景象;对句动中有静,展示出了战马如军士镇守边疆,鸣声风声共衬出戍边者的苍凉悲壮。

洛阳亲友如相问,一片冰心在玉壶

【名句】

luò yáng qīn yǒu rú xiāng wèn　yí piàn bīng xīn zài yù hú
洛　阳　亲　友　如　相　问①,一　片　冰　心　在　玉　壶。

【出典】

王昌龄《芙蓉楼送辛渐》。

【注释】

①冰心:像冰一样纯洁晶莹。此句化用鲍照《白头吟》"清如玉壶冰"的诗意,以比喻自己心地纯洁明净,不受功名富贵所污。

【译文】

洛阳的亲朋好友如果问起我的情况,你就告诉他们我光明磊落、清廉自守。

【原作】

寒雨连江夜入吴,平明送客楚山孤。洛阳亲友如相问,一片冰心在玉壶。

【作者小传】(见第 51 页)

故事

唐朝开元二十九年(741)后的一天,芙蓉楼来了两位名人,一位是大诗人王昌龄,另一位便是他的朋友辛渐。原来,辛渐在这里坐船,取道扬州到洛阳去。船已经停在岸边了。

烟雨迷雾笼罩着吴地的江天,织成了无边无际的愁网,两位好友站在芙蓉楼上,俯视楼下滚滚东去的江水,王昌龄慢慢地抬起头来,望着西北方向的楚山,不无伤心地说:"此次一别,何日才能相见啊!"

辛渐默默无语,仍然凝视着流淌的长江,心情沉重地说:"这几年,只因你不拘小节,不受束缚,总是发泄心里的愤懑和不满,所以受到许多人无中生有的诽谤。"

王昌龄感慨万分:"是啊!几年来多次被贬官,先到岭南,后来又到这里,贬来贬去,还是屈居下级官吏行列。"

辛渐接下来说道:"但你还是保持淡然视之的态度,像似过惯了被别人中伤、指责的生活。"

王昌龄停了停说:"我在洛阳有不少好朋友,他们也一定听到许多小人对我的谗言,请你转告他们,我仍然不会被功名利禄和谗言所迷惑。"

辛渐关切地说:"昌龄兄为人善良,性格豪爽,昨天你为我设宴辞行,今天又送我来到江边,情深意长,我不知道以后怎么感谢你。我走后,你要敞开胸怀,好好地保重自己。"

王昌龄听后很受感动,他久久地望着江水,吟出了《芙蓉楼送辛渐》诗,"洛阳亲友如相问,一片冰心在玉壶"便是这首诗中的名句。

赏 析

这是王昌龄有名的赠别诗。"洛阳亲友如相问,一片冰心在玉壶"两句诗是作者托朋友辛渐向洛阳的亲友致意之词,含蓄而富有深意,体现了真挚高洁的胸怀,表现出自己坚定的操守和品格,写得明快开朗,没有渲染低沉的情绪,同时也对辛渐坦陈表白,深化对友人的真挚友情。今人引用"一片冰心在玉壶"这句诗,多用来表示自己志趣高洁。

M

门前冷落鞍马稀,老大嫁作商人妇

【名句】

mén qián lěng luò ān mǎ xī　lǎo dà jià zuò shāng rén fù
门　前　冷　落　鞍　马　稀①,老　大　嫁　作　商　人　妇②。

【出典】

白居易《琵琶行》。

【注释】

①冷落:少人问津。
②老大:年龄已经大了。

【译文】

门前冷落车马越来越稀少,年龄大了只得嫁给商人为妻。

【原作】

浔阳江头夜送客,枫叶荻花秋瑟瑟。主人下马客在船,举酒欲饮无管弦。醉不成欢惨将别,别时茫茫江浸月。忽闻水上琵琶声,主人忘归客不发。寻声暗问弹者谁,琵琶声停欲语迟。移船相近邀相见,添酒回灯重开宴。千呼万唤始出来,犹抱琵琶半遮面。转轴拨弦三两声,未成曲调先有情。弦弦掩抑声声思,似诉平生不得志。低眉信手续续弹,说尽心中无限事。轻拢慢捻抹复挑,初为霓裳后六幺。大弦嘈嘈如急雨,小弦切切如私语。嘈嘈切切错杂弹,大珠小珠落玉盘。间关莺语花底滑,幽咽泉流冰下难。冰泉冷涩弦凝绝,凝绝不通声暂歇。别

有幽愁暗恨生,此时无声胜有声。银瓶乍破水浆迸,铁骑突出刀枪鸣。曲终收拨当心画,四弦一声如裂帛。东船西舫悄无言,惟见江心秋月白。沉吟放拨插弦中,整顿衣裳起敛容。自言本是京城女,家在虾蟆陵下住。十三学得琵琶成,名属教坊第一部。曲罢曾教善才服,妆成每被秋娘妒。五陵年少争缠头,一曲红绡不知数。钿头银篦击节碎,血色罗裙翻酒污。今年欢笑复明年,秋月春风等闲度。弟走从军阿姨死,暮去朝来颜色故。门前冷落鞍马稀,老大嫁作商人妇。商人重利轻别离,前月浮梁买茶去。去来江口守空船,绕船月明江水寒。夜深忽梦少年事,梦啼妆泪红阑干。我闻琵琶已叹息,又闻此语重唧唧。同是天涯沦落人,相逢何必曾相识?我从去年辞帝京,谪居卧病浔阳城。浔阳地僻无音乐,终岁不闻丝竹声。住近湓江地低湿,黄芦苦竹绕宅生。其间旦暮闻何物?杜鹃啼血猿哀鸣。春江花朝秋月夜,往往取酒还独倾。岂无山歌与村笛?呕哑嘲哳难为听。今夜闻君琵琶语,如听仙乐耳暂明。莫辞更坐弹一曲,为君翻作琵琶行。感我此言良久立,却坐促弦弦转急。凄凄不似向前声,满座重闻皆掩泣。座中泣下谁最多,江州司马青衫湿。

【作者小传】(见第93页)

唐宪宗元和十一年(816)深秋,被贬到江州(江西省九江市)做司马的白居易在浔阳江准备坐船送别朋友。傍晚,他们来到江边的客船上,正在痛快地饮酒时,忽然随着秋风传来阵阵琵琶的奏鸣声,一曲弹完,两人还静静地陶醉在这动人的琵琶音乐中,紧接着,又一曲开始了。白居易冲弹琵琶人坐的那条船大声说:"弹琵琶的是哪位?"

乐声停止了,但无人回答。白居易便叫船夫将船靠近弹琵琶的那条船,继续问道:"刚才哪位名师弹出这等悦耳的乐曲,能不能出来相见?"

客人也接着说道:"请到我们船上来演奏一曲吧!"

他们等了许久才见一位女子慢慢地从船舱里出来,迈着轻盈的碎步上了这条船,抱着琵琶害羞地遮住了半边脸。白居易和客人给她让了座,请她弹一首流行乐曲。她慢慢端正坐姿,先轻轻地把琵琶试了试弦,这几声虽不成曲,但也响亮动听。

一首琵琶曲开始了,她是用自己的心在弹奏,那凄怨婉转的乐曲中不知蕴藏了多少情思,好像在诉说自己那悲惨的一生。她低着头,但手却不停地弹着,手指灵巧地跳动着,用尽了拢、捻、抹、挑多种技法。她弹奏了《霓裳羽衣曲》,又

弹了当时京城流行的《六幺》曲。那粗弦低沉的声音如狂风骤雨；细弦轻柔如情人的窃窃耳语。而粗细弦交织在一起，像大大小小的银珠落在玉盘中那样清脆舒畅，宛如黄莺在啼叫，低沉时似慢慢的江水在冰下流淌。骤然间丝弦像呆滞了，乐声也渐渐消失了，此时无声比有声时更令人伤痛，像一种无声的幽怨在慢慢升起。

这时，另一首乐曲又弹响了。琵琶声像进水的瓷瓶突然爆炸，水浆四溅，如披坚执锐的骑士冲向阵前传来的刀枪声，乐曲由开始的低沉转为激昂。弹奏终了时拨子在琵琶中心优美地抚过，四根琵琶弦齐声的和弦如撕裂的绸缎。

一切都静下来了，两条船都静静地呆在原地不动，只有江面上跳跃着秋月的银光。

诗人白居易被这位琵琶女的高超技艺深深打动了，当晚便写下了《琵琶行》诗，而"门前冷落鞍马稀,老大嫁作商人妇"便是此诗中的名句。

赏析

"门前冷落鞍马稀,老大嫁作商人妇"，写琵琶女家道败落，人老色衰，出嫁商人。这是白居易在讲述琵琶女自身命运时，对社会人生的冷漠无情所发出的强烈不满，渲染了琵琶女的孤单、寂寞、凄苦和抑郁的境遇，写得如怨如慕，如泣如诉。

古时以商人最为低贱，女子嫁给商人意味着走投无路，与今天相反。今天有时用此句反映社会势利，人情的冷漠。

莫愁前路无知己，天下谁人不识君

【名句】

mò chóu qián lù wú zhī jǐ　tiān xià shéi rén bù shí jūn
莫　愁　前　路　无　知　己①，天　下　谁　人　不　识　君②？

【出典】

高适《别董大》。

【注释】

①知己:知心朋友。

②君:这里指唐玄宗时著名的琵琶弹奏家董庭兰。

【译文】

不要担忧在未来的道路上没有知己,普天之下有谁不认识你这位卓越的音乐家?

【原作】

千里黄云白日曛,北风吹雁雪纷纷。莫愁前路无知己,天下谁人不识君?

【作者小传】

高适(约700~765),字达夫,唐朝渤海(今河北省景县)人。他半生流浪,比较接近人民,同情民间疾苦,曾两度出塞。去过辽阳、河西,做过节度使、散骑常侍等官,对边塞生活体会较深,边塞诗写得很好,与岑参齐名,并称"高岑"。多描述安边定远的理想,歌颂舍身卫国的精神,揭露军中官兵苦乐悬殊的现象等,风格苍凉悲壮。《燕歌行》、《别董大》是他的代表作。著有《高常侍集》。

高适是盛唐时期的重要诗人,由于出身低微,缺乏得力的权贵推荐,几次仕途都落了空。在长期追求功名而遭受挫折的逆境中,是众多的友人给他慰勉和温暖。高适与李白、杜甫、贾至、李邕等人都有交往。

天宝三年(744)秋天,李白、杜甫和高适三位大诗人在梁、宋见面了,这也是中国文学史上千载一时的盛事。后来,他们还同游了不少地方,结下了深厚的友谊。

高适在漫游漂泊时期,与唐玄宗时代著名的音乐家董庭兰结下了深厚的友谊。董庭兰在兄弟排行中老大,故被称为董大。

有一天,在一望无际的沙漠上,风沙漫卷,满天尘土如滚滚黄云,遮天蔽日,北风阵阵,吹乱了行行雁群。随之,鹅毛大雪纷纷飘落。在这样的背景下,高适送董大置酒话别,举杯抒怀。

酒逢知己千杯少,长期驰骋在疆场的诗人高适,在惜别的时候,以豪情壮语劝勉友人,不要因为风悲日暗而感到前途迷茫、孤独无友,董大这个名扬天下的一代琴师谁人不知,哪个不晓?就这样,诗人高适一扫离愁伤怀之感,情感奔放、基调高昂地写下了这首流传千古的名诗——《别董大》,"莫愁前路无知己,天下谁人不识君"就是这首诗中的名句。

赏析

这首诗以浑朴豪健的笔调,展叙了诗人与董大的聚散情事,言辞婉转,情意真诚,于慰藉中充满信心和力量。诗的原意是赞美董大才华横溢、名声远扬,同时对他给予鼓励。

现在人们常用这两句诗鼓励那些出外闯荡的人,只要有真才实学,终会有用武之地,得到大家肯定的。

马上相逢无纸笔,凭君传语报平安

【名句】
mǎ shàng xiāng féng wú zhǐ bǐ　píng jūn chuán yǔ bào píng ān
马　上　相　逢 无 纸 笔①,凭 君 传 语 报 平 安②。

【出典】
岑参《逢入京使》。

【注释】
①马上:骑在马上。
②凭:请、托。君:指入京使。传语:捎口信。

【译文】
战马上匆匆相逢,没有纸笔写家信,就请你捎个口信,回京报平安吧。

【原作】
故园东望路漫漫,双袖龙钟泪不干。马上相逢无纸笔,凭君传语报平安。

131

【作者小传】（见第90页）

故事

唐玄宗天宝三年(744)，岑参结束了浪迹江湖的生活，以第二名中举进士，朝廷授予他右内率府兵曹参军的职务。他便把妻子从颍阳(今河南省登封县颍阳镇)接到长安，在长安附近杜陵山中辟了一处家园居住。五年以后，即天宝八年(749)，岑参第一次赴西域，担任安西四镇节度使高仙芝幕府书记，他告别了在长安家中的妻子，登上了西去的漫漫道路。

由长安向西已经走了好多天了，回头一望，只觉得长路漫漫，长安的家是那么遥远。在荒凉偏僻的地方行走，诗人格外地思念家中的亲人，加上诗人感到自己前途渺茫，越发伤心，以致泪流满面。就在这时候，诗人意外地碰到了一个老熟人，两人在路边立马叙谈。知道对方是从西北边境回京都长安，这意外的巧遇，怎么能令人不喜悦呢？可是偏偏身边没有纸和笔，不免有错过机会的叹息。但诗人又转念想到，虽然不能捎一封书信，他怎能不利用这次难得的机会，那就托对方给家里捎个平安的口信吧。就是这样简单的口信传到远方亲人的耳中，也会产生莫大的安慰。于是，诗人到了驿站投宿后，才挥笔写了这首《逢入京使》诗，"马上相逢无纸笔，凭君传语报平安"就是这首诗中的名句。

赏析

"马上相逢无纸笔，凭君传语报平安。"这两句写马上相逢，委托传语。诗人思乡情切，泪水涟涟，可谓悲切；忽逢入京使者，能够捎回家书，可谓惊喜；可马上相逢，既无纸笔，又无砚磨，可谓遗憾；只能传个口信，以报平安，可谓无奈。这四层感情，一波三折，构成了全诗波澜起伏的情调，形象地反映出诗人心情的阴晴变化。该诗从平常生活细节入手，用自然朴素的语言，实虚结合的手法加以描绘，感情真挚，天然无琢，平易中见深情。

N

鸟宿池边树,僧敲月下门

【名句】

niǎo sù chí biān shù　sēng qiāo yuè xià mén
鸟 宿 池 边 树①,僧 敲 月 下 门②。

【出典】

贾岛《题李凝幽居》。

【注释】

①宿:栖息、停留。
②僧:和尚。

【译文】

鸟儿栖息在池边的树枝上,僧人在月光下轻轻地敲门。

【原作】

闲居少邻并,草径入荒园。鸟宿池边树,僧敲月下门。过桥分野色,移石动云根。暂去还来此,幽期不负言。

【作者小传】

贾岛(779~843),字浪仙,一作阆仙,范阳(今北京附近)人。相传早岁为僧,法名无本,后还俗。元和中,至京洛,与李益、韩愈、孟郊、张籍、姚合等交游。应举不第。长庆二年(822),以《病蝉》诗刺公卿,与平曾等同被列名"举场十恶"。

诗长于五律,与姚合齐名,人称"姚贾"。作诗以苦吟著称,自称"苦吟客",有"两句三年得,一吟双泪流"之语。其骑驴觅句唐突京尹事,传为佳话。诗多投献酬赠之作,取眼前荒僻冷落景色,抒一己穷愁幽独之情,风格清奇峭僻。苏轼以与孟郊并提,有"郊寒岛瘦"之评。著有《长江集》、《小集》、《诗格》(一名《二南密旨》)。

贾岛小时候读书非常刻苦,而且学问很高,但屡次进京应试都未被录取,于是他心灰意懒,便出家当了和尚。

他写诗时,经常每一句地反复苦想,每一个字反复推敲,为后人所传颂。他作诗讲究句美字炼,曾留下了一个非常生动的故事:

这年夏天,他骑着毛驴前去探望隐居在山中的友人李凝。当他顶着骄阳,汗流满面,好不容易地来到了李凝隐居的住处时,发现门上挂了把门的锁,他心里非常惆怅,只好坐在门前等候。这时夕阳西落,夜幕降临,一轮明月升上了空中。这么晚了李凝恐怕是不能回来了,于是他拿出笔墨借着月光在门上写下了《题李凝幽居》诗,"鸟宿池边树,僧敲月下门"就是这首诗中的名句。

写完后,贾岛骑着毛驴回去了。一路上,贾岛还细细推敲这首诗,边走边吟,边吟边想。第二天,他骑着毛驴走到街头还在想昨天写的那首诗,口里还不停地念着:"僧推月下门。"

他又举起胳膊做着手势:"僧敲月下门。"

边说边心里琢磨:是用"推"还是用"敲"?

这时,他听见有人喊:"站住!快站住!"

他这时才感觉到,他的毛驴一头撞进了人群里。原来,当时任地方长官的韩愈外出,他的仪仗队刚走上街头,便被一个骑着毛驴的人给冲散了。韩愈气冲冲地问:"你为什么平白无故冲散我的车骑?"

贾岛慌忙解释说:"大人息怒,小人在想一首诗,思想不集中,没有发现你的车骑,我并不是有意冲撞。"

韩愈一听他在驴背上作诗,气马上消了,并且很有兴趣地问:"先生在作什么诗?"

贾岛说了这首诗的内容后,韩愈想了一会儿,便告诉他:"用'敲'字为佳!"

贾岛又问:"大人能说出其中深意吗?"

韩愈告诉他:"这样更显出万籁俱寂中的幽静,就是说响中寓情,当然比悄然地推门好!"

"大人高见,能否留下姓名地址让学生日后拜访。"

韩愈答应了他。从此两人来往甚多,经常在一起谈论诗文,韩愈非常欣赏贾岛的才华,更喜欢他这种用心作诗的精神,两人成了非常要好的朋友。

赏析

贾岛这首诗写的是诗人探访朋友李凝而未遇这样一件小事,其中"鸟宿池边树,僧敲月下门"是历来传诵的名句。月光皎洁,万籁俱寂,诗人来到了朋友的幽居,一阵轻轻的敲门声,惊动了池边树上的宿鸟,鸟儿一阵噪动;不久,一切复归静寂。诗人正是抓住了这转瞬即逝的片刻,用一个"敲"字来渲染环境之幽静,响中寓静,达到了很高的艺术水平。

葡萄美酒夜光杯,欲饮琵琶马上催

【名句】

pú táo měi jiǔ yè guāng bēi　yù yǐn pí pá mǎ shàng cuī
葡 萄 美 酒 夜 光 杯①,欲 饮 琵 琶 马 上 催②。

【出典】

王翰《凉州词》。

【注释】

①夜光杯:一种玉石制作的酒杯。
②催:催饮。

【译文】

玉石制作的酒杯中盛着上等的葡萄美酒,刚想举杯畅饮,催人出发的琵琶声已在马上响起。

【原作】

葡萄美酒夜光杯,欲饮琵琶马上催。醉卧沙场君莫笑,古来征战几人回。

【作者小传】

王翰,字子羽,并州晋阳(今山西太原)人。景云元年(710)登进士第。张说镇并州,礼遇之。开元八年(720)登直言极谏科,复登超拔群类科,授昌乐尉。张说为相,召为秘书正字,擢通事舍人,迁驾部员外郎。十四年,说罢相,出为汝

州长史,改仙州别驾,贬道州司马。工乐府,善写边塞生活,尤以《凉州词》著名,明王世贞推为唐人七绝压卷之作。著有《王翰集》,已佚。

故事

唐肃宗至德二年(757)九月,郭子仪率领的唐朝军队,收复了被安史叛军控制的京师长安。

有一次,唐军将士战罢回营,举行了一个盛大豪华的酒筵,且五光十色,令人目眩神迷。这时候,将士们见酒想饮,豪兴难抑,迫不及待。就在此刻,琵琶声突然而起,下令酒宴开始。琵琶声急促如点,如同催上战场那样催酒。于是,将士们你斟我酌,兴致极高,场面十分热闹。

一阵豪饮之后,有一位将领已赪容如赤,但还是手不辍杯,旁边便有人笑劝。这时他起而高声说道:"我就是醉卧沙场,也请诸位不要取笑,打完每一仗能有多少人回来的?"言下之意,他们能生还,十分难得,应该大大地庆祝一番。诗人王翰看到将士们豁达、豪爽的性格和积极奔放的热情及设酒欢乐场面,于是情不自禁地挥笔写了这首《凉州词》。而"葡萄美酒夜光杯,欲饮琵琶马上催"就是其中的名句。

赏析 shang xi

王翰的《凉州词》是一篇历来传诵的名作。关于这首诗的思想感情,存在不同的说法。一说认为此诗悲凉伤感;一说认为此诗表现士卒厌战,反战情绪;一说认为主要表现士卒豁达、豪侠的性格和积极奔放的热情,也略带一些厌战情绪。笔者认为最后一种较为合理。

"葡萄美酒夜光杯",描写一个盛大豪华的酒筵,气氛烘托得十分浓烈。"欲饮琵琶马上催",描写将士们见酒想饮、豪兴难抑,迫不及待,可谓情趣横生。就在此刻,马上琵琶突然而起,下令酒宴开始;琵琶声急促如点,如同催上战场那样催酒。于是将士们你斟我酌,场面十分热闹。

曲径通幽处,禅房花木深

【名句】

qū jìng tōng yōu chù　chán fáng huā mù shēn
曲 径 通 幽 处①,禅 房 花 木 深②。

【出典】

常建《题破山寺后禅院》。

【注释】

①曲径:弯曲的小路。幽处:幽静的住所。
②禅房:僧人居住之处。

【译文】

竹林掩映的小路通往幽深静谧的地方,禅房就在那茂密的花木丛中。

【原作】

清晨入古寺,初日照高林。曲径通幽处,禅房花木深。山光悦鸟性,潭影空人心。万籁此俱寂,但余钟磬音。

【作者小传】

常建,开元十五年(727)登进士第,任盱眙尉。天宝中,曾寓居鄂渚,以诗招王昌龄、张偾一同隐居。约卒于天宝末。其诗长于五言,多以山水景物为题材,风格近似王、孟。唐殷璠编《河岳英灵集》,以其为首,称赞"建诗似初发通庄,却寻野径,百里之外,方归大道。所以其旨远,其兴僻,佳句辄来,惟论意表"。代表作有《题破山寺后禅院》、《宿王昌龄隐居》、《湖中晚霁》等。以边塞、羁旅、音乐为题材的诗,亦有佳作。

故事

常建,他一生官运不佳,不和名流通声气,交游中无达官贵人,但他有一个嗜好,就是喜欢游览名山胜景。有一年春天,他来到了江苏常熟,听人说该地有个破山寺很有名气,就有意去看一看。

破山寺在常熟虞山北麓,其名来自一则神话故事。相传贞观十年,龙门山裂了,当时有个高僧路过此山,这时龙变成了一个人,高僧就念佛唤神与龙角斗,结果龙被打败破山而去,寺庙因此得名。

一天早晨,常建起床后,饭也没有吃就独自信步走进了破山寺,清晨的寺庙景色令人心旷神怡,忘记了人间的烦恼。但此时他无意于对整个寺庙的游览,只想重点看看后禅院。所以,他没有在大雄宝殿流连,而是沿着一条曲折幽静的竹林小道,向花木之中的禅房走去。来到禅房,他看到僧侣们个个闭目诵经,无人世的纷扰,诗人感到自己仿佛也脱离了人世间,无限的轻松欢娱。宦途坎坷的诗人处在这样一个修身养性的好地方,长期隐而不露的感情终于流露出来,脱口吟出了一首《题破山寺后禅院》,"曲径通幽处,禅房花木深"便是这首诗中的名句。

据说,破山寺内碑记很多,但最为脍炙人口的就要数常建的名句了。

赏析

常建在唐开元年间,虽以诗才显名,但仕途很不得意,常游幽林古寺、名山胜景以自娱。"曲径通幽处,禅房花木深。"禅室隐藏于茂密的花木深处,像这样幽静美妙的地方,正是唱经礼佛、修身养性的好处所。这两句构思新颖而造境幽绝,意象浑融而画面完整,格调闲雅而情趣盎然,堪称唐诗中的佳作。

劝君更尽一杯酒,西出阳关无故人

【名句】

quàn jūn gèng jìn yī bēi jiǔ　xī chū yáng guān wú gù rén
劝　君　更　尽　一　杯　酒①,西　出　阳　关　无　故　人②。

【出典】

王维《送元二使安西》。

【注释】

①更尽:再次饮尽。
②阳关:故址在今甘肃省敦煌西南。故人:老朋友。

【译文】

我劝您还是再喝尽这一杯酒吧,往西出了阳关以后您就再也碰不到熟识的老朋友了。

【原作】

渭城朝雨浥轻尘,客舍青青柳色新。劝君更尽一杯酒,西出阳关无故人。

【作者小传】(见第48页)

唐代诗人王维是一个多才多艺的诗人。他结交了许多知心朋友,元二就是其中的一个。有一天,王维在渭城(今陕西省西安市西北)为友人元二送行。元二要到遥远的新疆去任职,心中感到十分难过,他对王维说:"老弟,这次分手,也许没有相见的机会了,岂能不送为兄一首诗?"

王维笑道:"这个理所当然,兄长即使不说,小弟也要送你一首!"

于是，王维看了看眼前的景色：小雨湿润了地上的尘土，客舍附近是翠绿清新的杨柳。他高兴地摆出酒席，劝元二多喝一杯酒，因为出了阳关(今甘肃省敦煌县西南)就难遇上老朋友了。当王维酒喝完之后，命书童拿来笔、墨、纸、砚，一挥而就写下了这首《送元二使安西》诗。"劝君更尽一杯酒，西出阳关无故人"就是这首诗中的名句。

赏析

这是一首送友人出塞的诗。诗人劝老朋友饮酒，为老朋友饯别的情景，让人读来，仿佛亲临其境。一杯淡酒，一腔浓情，挚友临歧，相对执盏。情到深处，醇酒终为白水。诗人着"更尽"两字，就是要表达这份深厚友情。唐人把此诗谱入乐府，称为《阳关三叠》，又叫《渭城曲》，在当时广为传诵，引起人们的共鸣。现在这句名句多用来指老朋友们分手后，再相见很难，希望互相珍重，不要忘了老友们。

前不见古人，后不见来者

【名句】

qián bú jiàn gǔ rén　hòu bú jiàn lái zhě
前 不 见 古 人①，后 不 见 来 者②。

【出典】

陈子昂《登幽州台歌》。

【注释】

①前不见古人：像燕昭王那样能任用贤才的人，古代曾有之，但未能见到。
②后不见来者：将来亦有之，但又来不及见到。

【译文】

以往重视贤才的古人已不复可见，而后来的知音又不能遇到。

【原作】

前不见古人,后不见来者。念天地之悠悠,独怆然而涕下!

【作者小传】

陈子昂(659~700),字伯玉,梓州射洪(今属四川)人。少任侠。文明元年(684),举进士。上书论政,为武则天所赞赏,拜麟台正字。后屡上疏进谏并陈述政见,声震于朝。垂拱二年(686),从军北方,历经居延海、张掖、同城等地,直抵西北边塞。永昌元年(689),迁右卫胄曹参军。天授元年(690)九月,武后称帝,上表称颂。长寿二年(693),擢右拾遗。次年,因事入狱,遇赦,仍供原职。万岁通天元年(696),随武攸宜讨伐契丹,至东北边陲。同年回朝,仍任右拾遗,圣历元年(698),解官回乡。后为受武三思指使的射洪县令段简诬陷,卒于狱中。为唐代倡导诗文革新运动之先驱。在《修竹篇序》提出"文章道弊,五百年矣。汉魏风骨,晋宋莫传","观齐梁间诗,彩丽竞繁,而兴寄都绝",主张恢复建安文学传统,为文应"骨气端翔,音情顿挫,光英朗练,有金石声"。极力推崇"建安作者"和"正始之音"。《感遇》三十八首、《登幽州台歌》、《蓟丘览古赠卢居士藏用》为其代表作。杜甫称其"有才继骚雅,哲匠不比肩。公生扬马后,名与日月悬"(《陈拾遗故宅》)。韩愈评曰:"国朝盛文章,子昂始高蹈。"(《荐士》)今传《陈子昂集》(又名《陈伯玉文集》)。

唐高宗末年,洛阳城里来了两个西域商人,手拿一把胡琴要卖百万钱。这样的高价谁肯买呢?所以周围只有看热闹的人。可有一天,一个20岁出头的青年,当场拿出这么多钱,把那玩意儿买了下来。接着,他向围观的人宣布,明天他在宣阳里摆酒席,请大家光临听琴。

第二天,真的来了一百多名客人。这位青年请他们入坐,然后高声说"我是蜀人陈子昂,这回来洛阳带了近百篇诗文,但是依然不为众人所知。今天诸位是应邀来听我奏琴的,可这本来就不应该由我来干的!"

说着,陈子昂便将手中的胡琴用力向地一摔,胡琴立刻破碎,成了废物。众人正在目瞪口呆时,陈子昂已把写着自己诗文的许多卷轴,一个个地分赠完毕。

这样,陈子昂在一日之间便誉满洛阳。

陈子昂出身富家,从小爱慕豪杰侠客的为人,17岁以后才发愤苦读。他考

中进士后当了小官,慷慨发言,陈述时弊,却不被武则天采纳。

公元696年,契丹攻陷营州,武攸宜奉命率军征讨。陈子昂这时在武的幕府中任职,随同出征。武攸宜是个草包,第二年打了败仗,军情十分紧急。这时,陈子昂两次提出建议,又请求率兵冲锋,武不但不听,反而把他降为军曹。

陈子昂受到打击,眼看报国的志向难以实现,满脸悲愤地登上幽州台(遗址在今北京),缅怀战国时曾在这里广招天下贤士的燕昭王,慷慨悲吟,写下了一首传诵古今的《登幽州台歌》,"前不见古人,后不见来者"便是这首诗中的名句。

赏析

"前不见古人,后不见来者"这是诗人感到孤独的原因。这是从时间角度着笔的。战国时代,燕昭王姬平在齐破燕之后即位。他礼贤下士,曾尊郭隗为师,传说还为之筑黄金台,以此招贤纳士,收罗人才。于是乐毅等人纷纷前往,使燕国打败了齐国。幽州台所在地,正是当时燕国建都之地。诗人登台所见,触景生情,蕴涵着深愤浩叹:像燕昭王那样能够重用贤才的圣明之君,古代虽有,然我不及见;如此求贤若渴的贤君,将来亦会有,但我亦不及见。两个"不见"表明:诗人生不逢时,怀才不遇,所以他感到异常的悲凉孤独。

羌笛何须怨杨柳,春风不度玉门关

【名句】

qiāng dí hé xū yuàn yáng liǔ　chūn fēng bú dù yù mén guān
羌　笛何须怨　杨　柳①,春　风不度玉门　关②。

【出典】

王之涣《凉州词》。

【注释】

①羌笛:羌人的乐器。杨柳:即《折杨柳》,乐府诗题。

②度:过。玉门关:在今甘肃省敦煌县西。

【译文】

羌笛啊,你何必要吹奏着悲伤的《折杨柳》呢?因为春风是吹不到玉门关来的。

【原作】

黄河远上白云间,一片孤城万仞山。羌笛何须怨杨柳,春风不度玉门关。

【作者小传】

王之涣(688~742),字季陵,晋阳(今山西太原)人,后迁山西绛县。王之涣从小聪明好学,少年时豪侠义气,放荡不羁,常击剑悲歌。到了中年,他一改前习,虚心求教,专心写诗,在十余年间,诗名大振,与王昌龄、高适等相唱和。后来,他曾一度作过冀州衡水县主簿,时间不久就被人诬陷。于是,王之涣拂衣去官,在家居住十五年,晚年任文安县尉,在任上死去。王之涣是盛唐的著名诗人,他写西北风光的诗篇颇具特色,大气磅礴,意境开阔,热情洋溢,韵调优美,朗朗上口,广为传颂。为盛唐边塞诗人之一。"黄河远上白云间",仅七个字,祖国壮丽山河景色跃然纸上。可惜他的诗歌散失严重,传世之作仅六首,辑入《全唐诗》中。

故事

王之涣、王昌龄和高适三人,都是唐朝开元年间很有名气的诗人。他们有些诗篇,一写好就被人配上乐曲,到处传唱。

有一年冬天,天气寒冷,下着小雪,王之涣等三人一道去长安的旗亭酒店饮酒。三人边喝边谈,兴致很高。

这天,恰好宫廷中的十几个伶官,还有四个年轻漂亮、服饰华美的歌女,也到这酒店中饮酒。他们饮了一会儿,就拿出随身所带的乐器,弹奏乐曲,唱起歌来。

王昌龄见歌女唱的,都是当时诗人的绝句。他就对王之涣、高适说:"我们都是很有名气的诗人,但自己没法分个高低。今天,我们听一听他们唱的诗歌,看谁的诗唱得最多,谁就是第一。"

王之涣和高适两人也都高兴地同意了。

不多时,一个伶官唱了王昌龄的一首绝句。王昌龄满脸喜色,在墙上画了

一道，说：

"这是我的一首绝句。"

第二个伶官唱了高适的一首绝句。高适也在墙上画了一道说：

"这一首绝句是我的。"

第三个伶官又唱了王昌龄的一首绝句。这一来，王昌龄更加高兴了。他又在墙上画了一道，得意地说：

"我的诗已经唱了两首了。"

王之涣自以为成名比王昌龄和高适早，对他们很不服气，说：

"这几个伶官，都不识货，我写的是高雅的作品，他们哪里会唱呢？"

于是，他指着最年轻漂亮的歌女，说：

"等她唱时，如果不是唱我的诗，我就一辈子不跟你们两人争高低了。要是唱我的诗，你们两人可得拜我为师了。"

王昌龄和高适都笑了起来。

没有多久，那个最年轻漂亮的歌女站了起来，发声歌唱，她唱的正是王之涣这首《凉州词》，其中就有"羌笛何须怨杨柳，春风不度玉门关"的名句。

王之涣马上对两人说："乡下佬，我难道会骗你们吗？"大家哈哈大笑。

这些乐工和女伶们不知道三位文人学士为什么笑得这样开心，都过来相问，王昌龄便把刚才打赌的事告诉了他们。他们立即争着行礼，说道："我们有眼不识神仙！还请诸位诗人屈尊，到我们席上喝酒！"

三位诗人欣然同意，跟他们一道欢笑宴饮，奏乐唱歌，玩了一整天。

王之涣这首《凉州词》描绘了黄河的雄伟壮丽，玉门关扼居险要而将士们孤寂危殆的处境，抒发了边关将士想要折一枝杨柳寄托怀乡的愁思也不可能，从侧面批评了统治者对他们不关心。

赏析

"羌笛何须怨杨柳"中的"怨杨柳"，实则是怨别，实则是久戍思家；"何须怨"，照字面解释是不须怨，其实是以宽解之词作苦语；"何须怨"实则是"怨"，是体现荒寒环境下日益浓重的无可奈何的情绪，艺术表现委婉深曲，含蕴无穷。"春风不度玉门关"中的"春风不度"，勾出悲凄寒苦的处境，应成为"怨"的内容。因春风不度，表达离情别恨的杨柳就没有生命力。"怨杨柳"、"怨春风"，可谓"怨天"，自然也寓尤人：怨恨发动战争的统治者。"怨天尤人"，感情饱蘸笔端，浓泼纸上，反映出了封建制度对人民的压榨和迫害。

秦时明月汉时关,万里长征人未还

【名句】

qín shí míng yuè hàn shí guān　wàn lǐ cháng zhēng rén wèi hái
秦 时 明 月 汉 时 关①,万 里 长 征 人 未 还②。

【出典】

王昌龄《出塞》。

【注释】

①秦:秦朝。汉:汉朝。关:关塞,边塞。
②万里长征:指守边抗敌的将士离家万里。

【译文】

秦汉时的明月依然高悬,关塞依然留存,万里长征的将士啊,永远也别想返回家园。

【原作】

秦时明月汉时关,万里长征人未还。但使龙城飞将在,不教胡马度阴山。

【作者小传】(见第51页)

唐玄宗时期,政治腐败,契丹、回纥等少数民族不时侵扰,边境战事不断。当时,由于朝廷处置不当,战争失利,更加剧了边患。诗人王昌龄忧心忡忡,浮想联翩。当时,他守卫在边关,有一天夜里,明月高照,他想着想着,想到这里在一千多年前秦汉时与匈奴斗争取得的胜利,哀叹远离家乡将士的困难生活。他从强秦盛汉筑关御敌的悠久历史中,更想到西汉名将李广。汉代名将李广曾任

右北平郡太守,勇敢善战,匈奴称之为"飞将军",不敢骚扰他守卫的地方。而当时朝廷未能平息边患,诗人多么希望有李广那样的名将出现。这时,一首极为精彩的杰作,在诗人王昌龄的脑中诞生了,这就是气势雄浑的边塞诗《出塞》。"秦时明月汉时关,万里长征人未还"就是这首诗中的名句。

赏析

"秦时明月汉时关,万里长征人未还"是千古传诵的名句。在这句中,"秦"、"汉"、"月"、"关"四者,错举见义,并非专属,这本是古汉语的表义方法,即分承表示法,但用在这里便成了一种艺术手法,饶有诗味。诗人由月下的关塞,联想到秦汉时期,又联想到当时边疆战乱不止的历史状况,进而又联想到残酷的边塞战争使多少征人一去不归、丧身沙场的悲剧。这种联想不仅有强烈的时代意义,更有深沉的历史感,筑关防胡,始自秦汉,秦汉时与匈奴人的战争多取得了胜利。故此两句有这样的言外之意:明月一样照关塞,但秦汉胜利的地方,唐朝就不断失利。虽然此句表达了守边将士妻子的哀怨,但更多的是一种豪迈的英雄气概,一种誓死保卫国家的乐观主义精神。

清明时节雨纷纷,路上行人欲断魂

【名句】

qīng míng shí jié yǔ fēn fēn　lù shàng xíng rén yù duàn hún
清　明　时 节 雨 纷 纷①,路　上　 行 人 欲 断　 魂②。

【出典】

杜牧《清明》。

【注释】

①纷纷:连绵不断。
②行人:行旅之人。断魂:形容神色黯然,伤心落魂的样子。

【译文】

清明时节细雨纷纷扬扬,路上行人愁苦得失魂落魄。

【原作】

清明时节雨纷纷,路上行人欲断魂。借问酒家何处有?牧童遥指杏花村。

【作者小传】(见第58页)

故事

唐武宗会昌四年(844),诗人杜牧被朝廷任命为池州刺史。

池州位于长江南岸,辖境虽然不大,但山清水秀,风景十分宜人。杜牧到了池州以后,在处理公务之余,经常穿了便服,独自出游。在到任的几个月中,他的足迹踏遍了州城附近的名胜古迹。

清明时节,春光明媚,桃红柳绿。一天,杜牧又便服出游,来到池州西郊踏青。

俗话说:"春天孩儿脸,一天变三变。"杜牧离城时天气很好,所以他没有带雨具,谁知刚到西郊不久,突然天上飘来一片乌云,不一会儿便渐渐沥沥下起了毛毛小雨。小雨随着料峭的春风无声地飘落在杜牧的身上,把他的衣襟打湿了。

又过了一会儿,雨停了,太阳又露出了笑脸。杜牧心中不由进退两难:回去吧,刚才的路等于白跑了;按原计划往前走吧,身上又湿漉漉的十分难受。但放眼望去,雨后的春光别有情趣,他的游兴终于又占了上风。他心想:"最好哪里有家酒店,先去喝几杯暖暖身子再说。"

杜牧又信步往前走了一段路,只见一个牧童正骑着牛从河边悠悠走来。杜牧停住脚步,等牧童走到跟前,含笑问道:

"小朋友,前面有什么酒家吗?"

牧童用手中的鞭子往西一指,说:

"喏,那前面开着杏花的村子里就有酒店,我爹每天都去沽酒,那里的酒可香呢!"

杜牧顺着牧童所指的方向走去,来到那开着杏花的村口,只见一家酒店坐落在杏树丛中,高扬的酒旗和雪白的杏花相映成趣。他找了个临窗的位置坐下,让酒小二送上酒菜,浅酌慢饮起来。

喝了一会儿,杜牧感到身上的衣服渐渐干了。他看到墙上有几首题诗,但没有一首写得好的。他想起刚才向牧童问路的情景,不由诗兴勃发,让店小二取来笔墨,在墙上题了一首《清明》诗。"清明时节雨纷纷,路上行人欲断魂"就是这首诗中的名句。

赏 析

"清明时节雨纷纷,路上行人欲断魂。"这句中的"清明"点出时节,"雨"是具体的天气环境,"纷纷"既是写天气阴霾、细雨绵绵不断,又是写羁旅之人的低沉心情。按风俗习惯,清明时节是家人团聚的日子,也是祭奠亡人的日子。而此时,旅客却只身在外,奔波不定,更值阴雨天气,悲愁之情油然而生。"欲断魂"为传神之笔,把雨中行人触景伤情、孤寂沮丧的内心活动,惟妙惟肖地刻画了出来。

千秋万岁名,寂寞身后事

【名句】

qiān qiū wàn suì míng　jì mò shēn hòu shì
千　秋　万　岁　名①,寂　寞　身　后　事②。

【出典】

杜甫《梦李白二首(其二)》。

【注释】

①万岁名:千古留名。
②身后事:人死去后的事情。

【译文】

纵然身后名垂千古,人已寂寞无知,又有什么用呢?

【原作】

浮云终日行,游子久不至。三夜频梦君,情亲见君意。告归常局促,苦道来不易。江湖多风波,舟楫恐失坠。出门搔白首,若负平生志。冠盖满京华,斯人独憔悴。孰云网恢恢?将老身反累。千秋万岁名,寂寞身后事。

【作者小传】(见第4页)

故事

乾元元年(758),李白因参加永王李璘的起兵,被捕入浔阳(今江西九江)狱。随后流放夜郎(今贵州一带),中途遇赦放还;但那时杜甫刚到秦州,所以不知道。当时,社会上关于李白的行踪,传说纷纭,有人甚至说他在流放途中掉进水里死了。

杜甫日夜思念李白,一连两夜梦见李白。几天前他写过《天末怀李白》,但他觉得言犹未尽,准备再写几首诗抒发对李白的怀念之情。他拿起笔刚写好题目《梦李白》的时候,脑子不禁一阵迷迷糊糊,似乎听见"笃笃笃"的敲门声,接着感到虚掩的门轻轻推开了。

"啊,李十二(即李白,当时流行的以家族同辈排行的称呼),你还在,你让我想得好苦啊!李十二,你是罗网中的鸟,怎么会飞来的?"

杜甫没有想到推门进来的竟是自己日思夜想的人,不禁喜出望外,觉得有许多话要说。

但李白只是皱着眉头说:"江湖上风大浪急,来往很不容易啊!"

"李十二,你变得多厉害呀!你变成另一个人了。你当年的风采,豪迈的性格全不见了。"

……

他们二人,杜甫的话语如联珠,李白却沉默寡言。

话还没有谈畅,李白却起身告辞了,出门的时候,他用手搔搔满头的白发,似乎为平生壮志无法实现而感慨。

"这世道对李十二太不公平了!"望着李白的背影,杜甫再也抑制不住内心的激愤,他大声的几乎要喊叫似的。这一声喊叫,倒把他自己惊醒了,原来是一场梦。西斜的月色还照在屋梁上,借着月光还好像看得见李白的面容,随后杜甫披衣起身,写完了《梦李白二首》,"千秋万岁名,寂寞身后事"就是其中一首诗中的名句。

赏 析

李白是唐朝最伟大的诗人,他的诗或抨击黑暗的现实,关心百姓疾苦,或流连山水,表达建功立业的愿望;其风格或豪放飘逸,或明秀清新,热情奔放,想象丰富,含蕴深厚,充分反映了时代的精神风貌,闪烁着理想主义的光辉,代表了盛唐诗歌的最高成就。然而,李白个人的政治命运却多坎坷,困顿不堪,甚至在临近晚年时,还被朝廷放逐,连自由也失去了。生前遭遇如此,纵然身后千古留名,人却寂寞无知,又有什么用呢?"千秋万岁名,寂寞身后事",这正是杜甫身在北方,闻听好友流放的种种凶讯,不禁发出沉重的嗟叹,抒发了自己对李白的无限同情。

千里莺啼绿映红,水村山郭酒旗风

【名句】

qiān lǐ yīng tí lǜ yìng hóng　shuǐ cūn shān guō jiǔ qí fēng
　千　里　莺　啼　绿　映　红①,水　村　山　郭　酒 旗　风②。

【出典】

杜牧《江南春》。

【注释】

①绿映红:花草树木,红绿相映。
②水村:水乡。山郭:山城。酒旗:悬挂在酒店门前作为酒店标志的幌子。风:旗帜随风飘扬。

【译文】

千里江南,莺歌燕舞,柳绿花红,有临水的村庄,依山的城郭,酒旗飘扬。

【原作】

千里莺啼绿映红,水村山郭酒旗风。南朝四百八十寺,多少楼台烟雨中。

【作者小传】(见第58页)

故事

　　有一年春天,大诗人杜牧来到了南京郊外的寺院游玩,看到了那里的青草绿柳,连绵无垠,百花吐艳,万紫千红,一派大好春光!在这明媚的春光中,他迷恋于傍水的村舍、依山的城郭、迎风飘展的酒旗,这是一幅多么春意盎然的画面啊!这时,他从眼前的寺院美景,想到了南朝时期这里佛教盛行,寺院林立的景象。据历史记载,齐梁时期,仅都城建康(今江苏省南京市)一地,就有寺庙500多所,至于其他各地的佛寺,更是不计其数。然而现在,人事代谢,古往今来,那些宏伟壮丽的楼阁,都笼罩在历史朦胧的烟雨中了。于是诗人怀古仿今,产生了哀怨之情,提笔写了《江南春》诗,"千里莺啼绿映红,水村山郭酒旗风"便是这首诗中的名句。

　　此外,关于杜牧《江南春》诗,还有一段很有意思的插曲。

　　杜牧在诗的第一句中,用"千里"二字,概括辽阔江南的春色,偏偏引起了人们的争议。明朝人杨慎在《升庵诗话》里说:"千里莺啼,谁人听得?千里绿映红,谁人见得?若作十里,则莺啼绿红之景、村郭、楼台、僧寺、酒旗皆在其中矣。"对于这种说法,清代人何文焕在《历代诗话考察》中,反驳得最妙:"即作十里,亦未必尽听得着看得见。题云江南春,江南地广千里,千里之中莺啼而绿映焉,水村山郭无处无酒旗,四百八十寺楼台多在烟雨中也。此诗之意,意既广不得专指一处,故总而命曰江南春,诗家善立题者。"杨慎说的意思是:诗中写千里江南莺歌燕舞,哪个人能听到一千里远的莺歌呢?一千里柳绿花红,哪个人能看得下来?如果把"千里"改为"十里",那些莺歌、柳绿、山郭、水村、僧寺、酒旗就都在其中了。何文焕反驳的意思是:即使改为"十里",也不一定能听得着看得见。诗的题目叫"江南春",江南地方辽阔,有一千里,千里之中,到处是莺歌、柳绿、山郭、水村,四百八十寺也都在其中。诗人写诗的用意,不在某一个地方,而是广阔的江南,所以题目定为"江南春",这是诗人写诗的高明之处啊!何文焕的意见是正确的。假如把"千里"改为"十里"或"一里",就没有诗味了。

赏析

"千里莺啼绿映红,水村山郭酒旗风"这两句写眼前春景。诗人运用了典型化的艺术手法,选取最有代表性的、最能表现江南春光的景物,集中提炼,大笔勾勒,从总体上描绘江南春色。"千里",泛指江南的辽阔地域,突出整体感觉。"莺啼绿映红",写莺鸟婉转歌啼,是春意正浓的季节。青草绿柳连绵无垠,百花吐艳,万紫千红,一派春光。第二句写傍水的村舍,依山的城郭,迎风飘展的酒旗,作进一步渲染。"酒旗风"三字,静中取动,带活全句。但这句最值得琢磨,还在于它字面背后的含义。村舍、城郭、酒楼,这些都是人为建筑,所以这句实质上是写人,笔调明快,体现了诗人的怡悦心情。

人面不知何处去,桃花依旧笑春风

【名句】

rén miàn bù zhī hé chù qù　táo huā yī jiù xiào chūn fēng
人　面　不　知　何　处　去①,桃　花　依　旧　笑　春　风②。

【出典】

崔护《题都城南庄》。

【注释】

①人面:指那位年轻美丽的姑娘。
②笑春风:言桃花开得繁盛,像带着笑意一般在春风里面。

【译文】

娇艳的面庞不知道到哪里去了,而满树桃花和从前一样,笑对着春风。

【原作】

去年今日此门中,人面桃花相映红。人面不知何处去,桃花依旧笑春风。

【作者小传】

崔护(?~831),字殷功,蓝田(今属陕西)人,一说博陵(今河北蠡县)人。贞元十二年(796)进士。官至终岭南节度使。代表作《题都城南庄》诗为年少时所作,既后世流传的"人面桃花"故事。

故事

崔护，天资聪敏，禀性善良，他到京城参加朝廷举行的进士考试，结果没有考中。

清明节这天，崔护独自一人去京城的南郊游玩。忽然，他看见一座围着高墙的院子，花草树木十分繁茂，但却静悄悄的，好像没有人居住。崔护走上前去，敲了好长时间的门，才见有个姑娘从门缝里向外偷偷张望，问道："是谁？"崔护一听有人问话，便赶忙通报了自己的姓名，又说："我一个人出来游春，酒后口渴，想讨一杯水喝。"姑娘听了，便进屋盛了杯水出来，打开了大门，摆下坐凳，请崔护坐下喝水。姑娘却独自把身子靠在一棵小桃树的斜丫上，站在那里等候，十分殷勤地招待崔护。只见她风流妩媚，惹人喜爱。崔护有意用话去挑逗她，她却不肯答话。两个人只是长时间地你看着我，我看着你，彼此不说一句话。

崔护喝完水，谢了姑娘，便出了大门。姑娘一直送到大门口，脸上流露出无限留恋的神情，慢慢地转身回到门里去。崔护也是恋恋不舍地走远了。从此以后，崔护就没再到这里。

到了第二年清明节这天，崔护忽然想起去年今天的那件事，思念姑娘之情油然而生，再也按捺不住，决定去寻那位姑娘。他走到那里一看，门庭院落依然如故，只是紧闭的大门上上了锁，主人不知道到哪里去了。崔护不得已，便在左扇门上，题了《题都城南庄》诗，"人面不知何处去，桃花依旧笑春风"便是这首诗中的名句。

赏析

"人面不知何处去，桃花依旧笑春风"，这是诗中描写重寻不遇的场景。时间还是春光烂漫的春天，地点还是花木掩映的门户，但人事已非，"人面"已不知到哪里去了。回想过去，温情盈怀；面对现实，无限惆怅。对往事的美好追忆，更增添了心中的惆怅，令人产生好景不常、好事难再的感慨。句中"依旧"二字，深刻感人，充满了对那姑娘的怀念之情，遗憾之情溢于纸面。这两句诗常用来表示旧地重游，人事已非的惆怅和无奈。

日出江花红胜火，春来江水绿如蓝

【名句】

rì chū jiāng huā hóng shèng huǒ　chūn lái jiāng shuǐ lǜ rú lán
日　出　江　花　红　胜　火①，春　来　江　水　绿　如　蓝②。

【出典】

白居易《忆江南》。

【注释】

①红胜火：简直比火还要红艳。
②绿如蓝：青绿得就像是蓼蓝一样。

【译文】

太阳出来以后，江岸边的花儿比火还红；春天到了，江水绿得胜过了蓝草。

【原作】

江南好，风景旧曾谙：日出江花红胜火，春来江水绿如蓝。能不忆江南？

【作者小传】（见第93页）

故事

　　唐朝诗人白居易，元和三年官拜左拾遗，为翰林学士，以敢于直谏闻名，也为权势所忌，曾因言获罪，被贬为江州司马。为避开政治斗争的漩涡，他请求到江南外任，于唐穆宗长庆二年(822)任杭州刺史，唐敬宗宝历元年(825)任苏州刺史。次年(826)回到洛阳时，他年已55岁，告老退休后，晚年寓居在唐代东都洛阳的永丰坊。

　　一个初春的早晨，他在永丰坊的后花园散步，看到西南角园中有垂柳一

株，柔条极茂，在阳光的照耀下，千万根嫩黄色的枝条，轻盈袅娜，像丝絮般柔软，像金子般闪光，美丽极了！诗人一阵欣喜，涌起了一股诗意，两句诗脱口而出：

一树春风千万枝，
嫩于金色软于丝。

这时，白居易由一株生机横溢、秀色照人的柳树，联想到自己一生居留在江南前后有十年之久，极为熟悉的江南美景，唤起他无限的怀念之情。火红的朝阳、火红的江花，交相辉映，光彩夺目，再衬上那碧绿清澈的泱泱春水，这景色是何等艳丽、清新。于是，大诗人白居易情不自禁地从内心迸出了"能不忆江南"的深情感叹，于是挥笔写了这首有名的《忆江南》词，"日出江花红胜火，春来江水绿如蓝"就是其中的名句。

赏 析

白居易这首词充分表达了对江南美景的深情回忆，赞美了祖国的大好河山。江南水乡花草繁盛，这首词以红花、绿水对比来描写江南春日的美景，色彩鲜明艳丽，情趣无限。尤其是这两句中用"火"和"蓼蓝"来比喻"花红"和"水绿"，十分贴切、形象。

身无彩凤双飞翼,心有灵犀一点通

【名句】

shēn wú cǎi fèng shuāng fēi yì, xīn yǒu líng xī yì diǎn tōng
身　无　彩　凤　双　飞　翼①,心　有　灵　犀　一　点　通②。

【出典】

李商隐《无题》。

【注释】

①彩凤:色彩缤纷的凤凰。
②灵犀:灵异的犀牛角。

【译文】

我虽然没有像色彩缤纷的凤凰那样的双翅,可以自由飞翔,但我们的心灵却息息相通,正像犀牛那只灵异的独角一样。

【原作】

昨夜星辰昨夜风,画楼西畔桂堂东。身无彩凤双飞翼,心有灵犀一点通。隔座送钩春酒暖,分曹射覆蜡灯红。嗟余听鼓应官去,走马兰台类转蓬。

【作者小传】(见第38页)

故事

　　这是一个美好的夜晚,诗人李商隐站在楼阁上,望着闪烁的繁星,身边和风徐徐,空气中洋溢着令人沉醉的温馨气息,一切仿佛同昨天一样。在那彩画高楼的西畔,那桂木厅堂的东侧,和所爱的女子相见那一幕幕却已经成了温馨而难以追寻的回忆。

　　在那欢乐的宴席上,红烛照耀,美酒飘香,烛光照在她娇美的脸庞上,她同女友们在玩着隔座送钩、分曹射覆的游戏,那样子是多么的娇楚动人,她的笑声是多么的甜美、悦耳。

　　诗人从追忆昨夜的宴席中又回到了现实,这里哪有红灯酒暖、笑语盈盈的热闹气氛,只有微风吹拂、星星眨眼,他孤单单一人站在这里苦苦思念。今夕的相隔由此引起诗人复杂微妙的心情:

　　同心爱的人不能像凤凰一样有着双翼能飞聚在一起,可彼此的心却像灵异的犀角那样心心相印、一线相通。

　　诗人在通宵的追忆思念中,不知不觉晨鼓已经敲响,上班应差的时间就要到了,可叹自己正像飘浮不定的蓬草,又不得不匆匆走马兰台(秘书省的别称,当时诗人李商隐正在秘书省任职),开始那寂寞无聊的公事。

　　就这样,李商隐为了抒写昨夜的一度春风,也为了表现自己对一位富家女子的深深思恋,情不自禁地挥笔写了《无题》诗,"身无彩凤双飞翼,心有灵犀一点通"就是这首诗中的名句。这名句常为后人借用,而已不限于专指爱情。

赏析

　　在这两句诗中,出句表明诗人不能像彩凤一样,展开翅膀飞到情人身旁,表达出一种无可奈何的心情;对句说明诗人虽然不能与情人经常相聚,但他们的内心像犀牛角一样,可以一线相通,给人一种两情相悦的惊喜。

　　这两句写出了一种更高层次的恋爱——精神恋爱。后来形容人与人之间的默契相通也用此句。

身多疾病思田里,邑有流亡愧俸钱

【名句】

shēn duō jí bìng sī tián lǐ　yì yǒu liú wáng kuì fèng qián
身　多　疾　病　思　田　里①,邑　有　流　亡　愧　俸　钱②。

【出典】

韦应物《寄李儋元锡》。

【注释】

①思田里:归隐之意。
②邑:指属下管地。愧俸钱:因拿了俸禄而没有尽到职责感到惭愧。

【译文】

我身多疾病常想起回到故乡田里,自己治理的州邑有人逃亡我感到愧领俸钱。

【原作】

去年花里逢君别,今日花开又一年。世事茫茫难自料,春愁黯黯独成眠。身多疾病思田里,邑有流亡愧俸钱。闻道欲来相问讯,西楼望月几回圆。

【作者小传】(见第41页)

唐德宗建中四年(783)初夏,诗人韦应物从尚书比部员外郎调任滁州(治所在今安徽滁县)刺史。他辞别在长安的亲友,从长安到洛阳,由洛水乘船经偃师巩河入黄县,沿河东下过大梁(汴州)、睢阳,沿运河,到扬州,再到滁州,这时已是秋天。就在这年九、十月,长安发生兵变,奉朱泚为主,称帝号秦,唐德宗仓皇出逃。韦应物担心家中弟弟们和朋友们的存亡,曾经派人到京城探听消息。李元

锡是韦应物的好友,当时正任殿中侍御史。韦应物在滁州对京城亲友非常想念,于是写了《寄李儋元锡》诗,"身多疾病思田里,邑有流亡愧俸钱"便是这首诗中的名句。

赏析

"身多疾病思田里,邑有流亡愧俸钱"这两句诗表达了诗人身多疾病,无计又无力振乾坤、拯黎民的愁苦心情。尤为可贵的是,诗人能自咎其责,怀爱民之心,发仁者之言。这两句名句得到后人的赞扬。范仲淹称赞这两句诗是"仁者之言";朱熹称之为"贤矣"。黄彻在《䂬溪诗话》中更为推崇,他说,只有满怀爱民之心的官吏,才能写出这样的诗,有一些官吏,剥削百姓,把百姓看做仇人,看到这首诗,也应该感到惭愧吧!

四知美誉留人世,应与乾坤共久长

【名句】

sì zhī měi yù liú rén shì　yīng yǔ qián kūn gòng jiǔ cháng
四 知 美 誉 留 人 世①,应 与 乾 坤 共 久 长②。

【出典】
胡曾《关西》。

【注释】
①四知:天知、神知、你知、我知的合称,借以赞美廉洁的官吏。
②乾坤:天地。

【译文】
但他"四知"廉洁的美誉永留人世间,一定会像天地一样久长。

【原作】
杨震幽魂下北邙,关西踪迹遂荒凉。四知美誉留人世,应与乾坤共久长。

【作者小传】

胡曾(约840~?),号秋田,邵阳(今属湖南)人。官至延唐令。认为诗当"美盛德之形容,刺衰政之急忽,非徒尚绮丽瑰奇而已",故"采前王得失",著《咏史诗》150篇,体裁均为七绝,语言通俗,传诵甚广。

故事

杨震是东汉后期极有声望的大学问家。少年时就勤奋好学,博览群经。因家境贫寒,一直在家乡华阴(今属陕西)教书和种菜度日。当时,从各地前来求学的人很多,桃李满天下。当时的读书人都非常敬佩他的学问渊博,道德高尚,称他为"关西孔子"。

后来,他的名声传到朝廷,大臣们纷纷举荐他出来做官。他出山做官以后,又举荐了许多有才华、品德好的人做官。当时的中央和地方,不少官员都是他的门生。

有一年,杨震从荆州刺史调任东莱太守,途经昌平县。曾受他举荐的王密恰好在这里当县令。王密为了报答杨震的举荐大恩,也为了得到杨震的提拔,晚上前来拜望杨震,并带了10斤黄金送给杨震。王密说:"现已夜深,仅大人和我二人,无人会知晓。"杨震把金子推到一边,严正地说:"过去,我举荐你,是因为我了解你,可是,你怎么不了解我的为人呢?"接着话锋一转:"你送金子来,怎么说能无人知道?天知道,神知道,你知道,我知道。若要人不知,除非己莫为。请你带回去吧!"王密羞愧地离开了。

杨震举"四知"晓以大义,拒收重金,历来成为人们的美谈。自"安史之乱"后,唐王朝日趋衰落,统治者对广大劳动人民进行残酷的剥削和压迫,过着极端腐朽的生活,贪官污吏,比比皆是,挥霍成风,贿赂成风。胡曾为了歌颂东汉杨震的廉洁奉公,也为了表达对当时现实的不满,于是用委婉的笔法,写了《关西》诗,"四知美誉留人世,应与乾坤共久长"就是这首诗中的名句。

赏析

"四知美誉留人世,应与乾坤共久长"这两句诗既是对杨震为人的高度评价,也是对当时社会的呼唤;同时,又是对当时腐败现象的一种讽喻。诗人怀着崇敬的心情歌颂杨震,目的很明确,希望所有的官吏能像杨震一样廉洁,革除弊政,使国家强盛起来。

天街小雨润如酥,草色遥看近却无

【名句】

tiān jiē xiǎo yǔ rùn rú sū　cǎo sè yáo kàn jìn què wú
天 街 小 雨 润 如 酥①,草 色 遥 看 近 却 无②。

【出典】

韩愈《初春小雨》。

【注释】

①天街:皇城中的街道。酥:酥油,牛羊乳汁的制品,这里指滑腻。
②遥看:远看。

【译文】

天街小雨像酥油那样滋润,远看草色一片浅绿近看却又消失。

【原作】

天街小雨润如酥,草色遥看近却无。最是一年春好处,绝胜烟柳满皇都。

【作者小传】

韩愈(768~824),字退之,河阳(今河南孟县)人。祖籍昌黎,也称韩昌黎,晚年任吏部侍郎,谥文,又称韩吏部、韩文公。父母早逝,由哥哥韩会抚育。13岁就能写文章,师从当时名人独孤及、梁肃,他究心古训,潜研经史百家,开始萌发了发扬儒道,倡导古人的思想。一边读书,同时留意古今兴亡治乱,在政治

上树立远大抱负。

贞元十九年(803)写了名作《师说》,这是韩愈系统提出师道的理论。

韩愈与当时的柳宗元并称"韩柳",同为中唐古文运动倡导者,同被列入"唐宋八大家"。文学上主张文以载道,文道合一,"学古道则欲兼通其辞,通其辞者,本忘乎古道者也"(《题欧阳生哀辞后》)。力反六朝以来的骈偶文风,提出以先秦两汉古文为创作标准,"非三代两汉之书不敢观,非圣人之志不敢存"。认为要写出有充实内容的作品,首先应有良好的道德修养,"气盛则言之短长与声之高下者皆宜"。为文既强调创新,"惟陈言之务去"(均见《答李翊书》),又力求平易晓畅。"文从字顺各识职"(《南阳樊绍述墓志铭》),创造出一种清新流畅的新文体,并造就了一大批古文作者。

故事

有一年早春二月,韩愈走在京城街道上,看到那绒毛般的细密的雨丝,使淡淡的草色更增添了朦胧之美;在其滋润下,细细的芳草更加鲜嫩可爱。这时候,大地湿润了,泥土润软得像酥油一样。春雨过后,小草发芽了,嫩嫩的,远远望去,一片浅绿,但走近去寻找,反而不见了。

诗人放眼看这秀丽美景,心中感到无比的喜悦,他把早春景色和仲春(春天的第二个月)作比较,认为早春的景色胜过仲春。诗人为什么有这样的感觉呢?因为他认为早春的景色,来得突然,给严冬中熬过来的人以希望、喜悦,也寓示着一个万象更新、欣欣向荣的明媚春光的降临。

诗人走着走着,低头欣赏早春的小草,它虽然是轻淡的绿,但这是大地唯一的装饰;可是到了仲春,烟柳已经遍布京城长安了。

这时候,大诗人韩愈用对比手法,突出早春的特征,从肺腑里吟出了一首春天的颂歌——《初春小雨》诗,"天街小雨润如酥,草色遥看近却无"就是这首诗中的名句。

赏析

"天街小雨润如酥,草色遥看近却无"这两句诗细致逼真地描绘了早春微雨后的长安景色。首句一"润"字,非常恰当地形容了春雨下得可贵及时,对滋长万物起催发作用,也就是杜甫所说的"好雨知时节,当春乃发生"。句末一

"酥"字,更加形象地反映了春雨带来的生机,令人耳目一新。二句用"遥看"、"近却无"的对比手法,捕捉住青草刚萌发时的特征,把初春草芽嫩绿的情景,形象地表达出来了。

天阶月色凉如水,坐看牵牛织女星

【名句】

tiān jiē yuè sè liáng rú shuǐ　zuò kàn qiān niú zhī nǚ xīng
天 阶 月 色 凉 如 水①,坐 看 牵 牛 织 女 星②。

【出典】

杜牧《秋夕》。

【注释】

①天阶:皇宫中的石阶,这里指皇宫。
②卧看:躺卧、抬头看。

【译文】

在秋天清凉如水的月色下,宫女们悠闲地躺卧在皇宫的院子里,仰起头看着夜空中的牵牛星和织女星。

【原作】

银烛秋光冷画屏,轻罗小扇扑流萤。天阶夜色凉如水,坐看牵牛织女星。

【作者小传】(见第58页)

在一个秋天的晚上,白色的蜡烛发出微弱的光,给屏风上的图画添了几分暗淡而幽冷的色调。这时候,一个孤单的唐朝宫女正用小扇扑打着飞来飞去的萤火虫,来消遣她那孤独的岁月,似乎想驱赶包围着她的阴冷与寂寞。在寂寞

之中,夜已很深了,寒意袭人,可是那个宫女依旧坐在石阶上,仰视着天河两旁的牵牛星和织女星。这是因为牛郎织女的故事触动了她的心。从传说中的牛郎织女想起自己不幸的身世,也使她产生对真挚爱情的向往。

唐代大诗人杜牧,为了表现一个失意宫女的孤独生活和内心苦闷,从一个侧面反映封建时代妇女的悲惨命运,也为了表现宫女的哀怨与期望相织的复杂感情,于是,挥笔写了一首《秋夕》诗,"天阶月色凉如水,卧看牵牛织女星"就是这首诗中的名句。

赏析

诗人在这首诗中描写了月光下的美景,人们悠闲自得。怡然、安静、优美的画面呈现在读者面前,如临其境。原诗写的是皇宫中的妇女生活。这些妇女们长期深居皇宫,与外世隔绝,生活也就没有激情,也只能"抬起头看牵牛星和织女星"了。后人常用这两句诗来表现生活的悠闲。

停车坐爱枫林晚,霜叶红于二月花

【名句】

tíng chē zuò ài fēng lín wǎn　shuāng yè hóng yú èr yuè huā
停　车　坐　爱　枫　林　晚①,霜　叶　红　于　二　月　花②。

【出典】
杜牧《山行》。

【注释】
①坐:因,为了。
②霜叶:经霜的枫叶。于:比。

【译文】
停下车来,是因为喜爱这枫林的傍晚,那经过霜打的枫叶,比二月的鲜花更红艳。

【原作】
远上寒山石径斜,白云生处有人家。停车坐爱枫林晚,霜叶红于二月花。

【作者小传】(见第58页)

故事

一个天高气爽的秋天,诗人杜牧坐着车子,行走在潭州(今湖南长沙)岳麓山的一条路上。他看到一条石头小路,斜曲着横在眼前,又一直伸到远远的山中。在山上白云飘浮的地方,隐约地看到几户人家,他们如同生活在仙境一般,走着走着,诗人禁不住停车下来。因为他惊喜地发现路的两旁被秋霜打过的枫叶,这时候比春天的鲜花还要红艳。他仔细看那枫叶,在百花凋零的日子里,独独开得最好;在山上山下全是败叶、枯草的环境中,唯独它迸射出最动人的光彩。诗人站在枫树前,想到枫叶不是花,却比花还红;枫叶不是在春天同百花争奇斗艳,却在秋天装点着大好的河山。

这时候,诗人面对满山火红的枫叶,仿佛觉得老天爷要把秋天打扮一下,不料掌管百花的仙女下班休息去了,他就想出个新主意,让枫叶举起比火还要耀眼的袍子,在冷飕飕的西风里,尽情地唱着、跳着。此刻,诗人好像听到枫叶唱起来的歌:"花之仙子哟,您休息去吧!您放心走吧!我是秋天的歌手,我是秋天的画家,我来啦!"

诗人看到这一幅美丽动人的深秋美景图:高山、小路、白云、人家、红叶,这些都展现在眼前。他越看越高兴,于是诗兴大发,挥笔疾书,写下了一首意境清新、为后人所千古传诵的《山行》诗,"停车坐爱枫林晚,霜叶红于二月花"便是这首诗中的名句。

杜牧的《山行》诗,历来脍炙人口,特别是"霜叶红于二月花",成了千古名句。现代大文学家茅盾把他的一部小说取名为《霜叶红于二月花》。陈毅同志也有这样的诗句:"红叶遍西山,红于二月花。"可见这首诗的影响。

今天湖南长沙岳麓山的岳麓书院后面,清风峡小山上的"爱晚亭",就是根据杜牧这首诗中的名句而建。毛泽东青年时期在长沙求学,爱晚亭是他经常和学友们游憩和锻炼身体的地方。

赏析

这是一首写景状物诗。表面看是在描写深秋的景色,实际上在清晰的景物勾画中蕴涵着深刻的哲理。"停车坐爱枫林晚",这是枫林的晚景深深地吸引了诗人。"行"中之"停"是因为"爱枫林晚"。而"霜叶红于二月花"更加脍炙人口,是"停车"、"爱枫林晚"的具体原因。诗人惊奇地发现,那经霜的枫叶比二月的鲜花还要红艳,红透山林、红透大地、红透天际。这是多么美妙的图景,多么炫目的色彩,多么凝练的语言,多么出神的笔法!

现在人们常用"霜叶红于二月花"来比喻经过霜雪般的磨炼之后所获得的成功,更加宝贵、更加有意义。

他年我若为青帝,报与桃花一处开

【名句】
他年我若为青帝①,报与桃花一处开②。

【出典】
黄巢《题菊花》。

【注释】
①青帝:古代传说中的司春之神。
②报:告诉。

【译文】
如果我有一天当上了管治春季的青帝,要让菊花和桃花一同开放。

【原作】
飒飒西风满院栽,蕊寒香冷蝶难来。他年我若为青帝,报与桃花一处开。

【作者小传】

黄巢(？~884),唐末农民起义领袖,曹州冤句(今山东菏泽)人。举进士不第,公元 875 年率领数千人在曹州起义,878 年继王仙芝死后被推为领袖,称"冲天大将军"。881 年攻破唐朝京都长安,建立农民政权,国号大齐。但由于没有建立较稳固的根据地和未乘胜追歼残余势力,使敌人得以反扑。后因弹尽粮绝,被迫撤出长安,转战山东,884 年在泰山狼虎谷战败自杀。相传 5 岁即作《题菊花》诗,与其《不第后赋菊》均表现出非凡志趣与叛逆精神。

故事

黄巢是唐末农民起义的领袖。

唐懿宗咸通十四年(873),河南、河北、山东和淮北一带遭受严重的旱灾,很多百姓死于饥荒。黄巢于公元 875 年夏,率领农民几千人起义,后队伍壮大到 50 万人,一度攻占了当时京城长安,建立大齐政权,后来因为起义失败自杀身亡。黄巢出身于世代贩盐的富商家庭,考过进士没有录取。

黄巢在很小时候,就是个非常聪明伶俐的孩子。

一年秋天,黄巢家的庭院里的菊花盛开,爷爷在院中设宴赏菊饮酒。老人乘酒兴让孙子们联句咏菊。一个个排下来,到了爷爷这里他突然停了下来,那时黄巢虽小,但很聪明,他站起来说:"我来替爷爷接下联吧!"

他停了停:"堪与百花为总首,自然天赐赭黄衣。"

黄巢的父亲听后,连忙堵住儿子的嘴还骂道:"小子再胡说八道,小心杀头!"

黄巢很是不服:"我只不过是把菊花说成为百花的头领,因为老天赐给它赭黄色的衣服,有什么不对?"

然而他小小年纪,哪里知道避忌,那"赭黄色"只有皇帝才能穿,这要传出去会惹下杀身大祸。

这一来联句停了下来,爷爷忙圆场说:"还是罚孩子作首诗吧,就以眼前的菊花景色起句。"这建议得到了大家的赞成,小黄巢站了起来,立刻吟了一首《题菊花》诗,"他年我若为青帝,报与桃花一处开"便是这首诗中的名句。

赏析 shang xi

"他年我若为青帝,报与桃花一处开",这是黄巢的设想,他年如果让我来

主管春天的话,我一定让菊花同桃花开在一起,让它享受到明媚的春光。这里,充满着浓烈的浪漫主义诗情,表面上写作者要主宰自然界、变秋天的冷寂为春天的温暖,暗中却抒发自己的雄心大志,寄寓着对晚唐腐朽政治制度的不满和力图改变唐王朝统治的决心。可以想象,黄巢当时的胸襟是何等开阔,气魄是何等非凡。他笔下的菊花具有巨大的人格力量,成为千百万被压迫被剥削的劳动人民的象征。

桃花潭水深千尺,不及汪伦送我情

【名句】

táo huā tán shuǐ shēn qiān chǐ bù jí wāng lún sòng wǒ qíng
桃 花 潭 水 深 千 尺①,不 及 汪 伦 送 我 情②。

【出典】
李白《赠汪伦》。

【注释】
①桃花潭:在今安徽泾县西南。
②汪伦:李白的一位朋友。

【译文】
桃花潭水纵有千尺深,也比不上汪伦赶来送我的厚意深情。

【原作】
李白乘舟将欲行,忽闻岸上踏歌声。桃花潭水深千尺,不及汪伦送我情。

【作者小传】(见第2页)

唐代时候,泾县(在今安徽)有个汪伦,家道殷实,为人豪爽,喜欢结交朋友。公元755年,汪伦听说大诗人李白在上年中秋节后重到邻县宣城漫游,饮

酒赋诗,豪兴勃发,便产生了一个念头:何不请李白到泾县来玩玩呢?这里的山好水好酒也好,正符合这位大诗人的禀性。他当即写了一封信,派人送到宣城去。

李白在宣城遍访旧友新知,登上南齐诗人谢朓任宣城太守时建造的谢公楼,怀念他所钦佩的这位前辈诗人,日子倒也过得畅快。自从他受人排挤,被唐玄宗"赐金还山",丢了翰林学士职位离开长安后,十多年中一直漫游江湖,感到各地友人待他热情,给他温暖,跟宫廷中的一些官僚勾心斗角大不相同。

这天,他接到信后打开一看,原来是邀请他到泾县游览,上面写道:"先生好游乎?此地有十里桃花。先生好饮乎?此地有万家酒店。"再看后面的署名是汪伦,却从来不相识。不过,这些年来他遇到类似的情况也不少了,他的态度一向是这样的,"但使主人能醉客,不知何处是他乡",何况这位汪伦的信写得既热情又爽快,很合李白的心意,他便决定应邀。

李白来到泾县西南的一个村子里,受到主人汪伦的盛情接待,陪着他住在自己的别墅里。

宴席上,当李白提起十里桃花、万家酒店时,汪伦哈哈大笑说:

"这里有十里桃花潭,是一条清澈美丽的河流,还有一个姓万的人开的酒店,名字就叫万家酒店嘛。"

李白这才恍然大悟,也忍不住大笑一阵。有一个陪客也忙对他说:

"先生,东道主家里酿的酒,在此地很有名气,先生不是已经尝到了这美酒了吗?"

李白点头说:"这酒确实好!绝妙!"

汪伦邀集一些朋友,天天陪着李白观赏当地的山水胜景,备了家养家种的荤素菜肴以及好酒招待李白。诗人在这里过着无拘无束的生活,兴致极高,留下了许多诗篇,其中有《题汪伦别业二章》等。

过些日子,李白向汪伦告别,要上别处去。开船时,汪伦带着一些朋友赶来,一边用脚踏地打着节拍,一边高声唱着当地的民歌,热情地欢送客人。

李白看到这种情景,感动极了,当场口吟七绝一首《赠汪伦》诗,"桃花潭水深千尺,不及汪伦送我情"便是其中的名句。

赏 析

"桃花潭水深千尺,不及汪伦送我情",诗人信手将眼前景和心中情巧妙自然地联系起来,以水之深比喻情之深,既形象又浪漫,既夸张又恰当地流露了对汪伦情谊的赞美。后来人们用"桃花潭水"来抒写离情。据说,汪伦的后代长期把这首诗当做宝贝一样珍藏着。

万里悲秋长作客,百年多病独登台

【名句】

wàn lǐ bēi qiū cháng zuò kè　bǎi nián duō bìng dú dēng tái
万　里　悲　秋　长　作　客①,百　年　多　病　独　登　台②。

【出典】

杜甫《登高》。

【注释】

①悲秋:悲凉的秋天。
②百年:指年纪大。

【译文】

离家万里,长年在外作客,却又赶上悲凉的秋天。年事已高,身体多病,凄苦之情难以诉说,只能独自登上高台。

【原作】

风急天高猿啸哀,渚清沙白鸟飞回。无边落木萧萧下,不尽长江滚滚来。万里悲秋长作客,百年多病独登台。艰难苦恨繁霜鬓,潦倒新停浊酒杯。

【作者小传】(见第4页)

故事

夜深人静,在一间破旧的茅屋中,有一位白发苍苍的老人躺在床上,听着屋外不时传来的凄厉的军号声,心情悲凉,难以入眠。他就是年过半百、贫病交加的杜甫。杜甫熬过了颠沛流离的战乱生活之后,携带家眷来到四川,住在成都浣花溪草堂,后经好友严武推荐,担任检校工部员外郎,世称"杜工部"。

杜甫是读书人,他身穿军服,很不自在,每天过着单调的军营生活,也不习惯,但是为了养家糊口,他只能勉强维持着。一天,传来了噩耗,他的好友严武突然故世了,他失声痛哭,悲哀至极。杜甫在成都失去了依靠,只好携带家眷,乘着小船,再次在长江上漂泊。

唐永泰元年(765)五月,杜甫一家乘舟东下,向夔(kuí)州进发。这时杜甫已年老体弱,百病缠身。古代民俗在农历九月初九为登高节,大历二年(767)的九月初九,病中的杜甫独自一人在夔州登高。他拄着手杖,拖着病体,慢慢地爬上山坡,气喘吁吁地来到峡口。阵阵大风吹来,他站立不稳,赶紧抓住身边的一棵小树。这时,远处悬崖上猿猴在跳跃,不时传来尖厉的哀鸣。他将视线由高处转向江水洲渚,在水清沙白的背景上,点缀着迎风飞翔、不停地回旋的鸟群。杜甫时而仰望茫无边际、萧萧而下的树叶,时而俯视奔流不息、滚滚而来的江水,不由想到自己沦落他乡、老病孤独的处境,从而生出无限悲愁。他坐在一块岩石上,喃喃地吟了《登高》这首七律诗。"万里悲秋长作客,百年多病独登台"就是其中的名句。

赏析 shang xi

"万里悲秋长作客,百年多病独登台。"这两句诗写杜甫仰望茫茫无边、萧萧而下的落叶,俯视滚滚而来、奔流不息的江水,不由感叹岁月不饶人,身体多病,寂寞孤独的困苦心情。本句对仗工整,气韵流畅,明朝人胡应麟将这首诗排在古今七言律第一,实非过誉。

我寄愁心与明月,随风直到夜郎西

【名句】

wǒ jì chóu xīn yǔ míng yuè　suí fēng zhí dào yè láng xī
我 寄 愁 心 与 明 月①,随 风 直 到 夜 郎 西②。

【出典】

李白《闻王昌龄左迁龙标遥有此寄》。

【注释】

①愁心:忧愁的心。
②夜郎:指位于今湖南省沅陵的夜郎县。也泛指湖南西部和贵州一带地区。

【译文】

我要把一腔愁思托之明月,以其为中介,随风一直飘到夜郎西。

【原作】

杨花落尽子规啼,闻道龙标过五溪。我寄愁心与明月,随风直到夜郎西。

【作者小传】(见第2页)

　　在唐代诗歌史上,李白与杜甫齐名,人们也常把李白与王昌龄相提并论,因为他们是最著名的七绝圣手。他们也结下了深厚的友谊。
　　唐玄宗天宝七年(748),王昌龄被贬为龙标尉。唐时的龙标,是荒远偏僻之地,这次贬官的原因,据说是"不矜细行",也就是生活小节上不合世俗的眼光。其实,诗人是遭谗毁被贬,处罚很不公平。朋友们都为他这次贬官愤慨不平。诗人李白正在东南一带漫游时,听到王昌龄被贬的消息,十分激动,怀着同情和

关切的心情,写了《闻王昌龄左迁龙标遥有此寄》诗,"我寄愁心与明月,随风直到夜郎西"就是这首诗中的名句。

王昌龄的命运非常悲惨。"安史之乱"发生,他从龙标返回乡里,年已花甲。可悲的是,路过亳州,被刺史闾丘晓杀害。诗人死后不久,张镐处死闾丘晓,为诗人报了杀身之仇。

赏　析
shang xi

诗人听说王昌龄被贬到龙标,很替朋友担心,再也掩饰不住满腹愁情,将"愁心"全部掏出,寄与明月,让带着这颗"愁心"的明月,"与人万里长相随"(李白《峨眉山月歌送蜀僧晏入中京》)。这两句可这样理解:首先,诗人的"愁心"无法向人倾诉,也无人能理解,因此只有将此托付明月。其次,明月之光同照李、王两人,他们相隔千里,音讯不通,天涯此夕,唯有明月可共,所以诗人的一颗"愁心"只有托之明月,才能"随风"而去。再则,在诗人心目中,明月象征着纯洁高尚,它通人心、知人情,是个多情物,诗人一直视为知己。唯有它,最理解诗人的"愁心",诗人也最相信它能把"愁心"带往远方,以慰友人。

X

夕阳无限好,只是近黄昏

【名句】

xī yáng wú xiàn hǎo　zhǐ shì jìn huáng hūn
夕 阳 无 限 好①,只 是 近 黄 昏。

【出典】

李商隐《乐游原》。

【注释】

①夕阳:傍晚时的太阳。

【译文】

夕阳真是无限的美好,只是已临近黄昏时分。

【原作】

向晚意不适,驱车登古原。夕阳无限好,只是近黄昏。

【作者小传】(见第38页)

有一天傍晚,诗人李商隐赶着马车来到了今陕西省西安市东南的乐游原,

那里环境优美,山青、水绿、木秀、花繁。这时候,他凭高远瞭,在夕阳的余晖下,长安的繁华闹市、郊野的山光水色,尽收眼底,一览无余。这是美好的大自然,美好的人间。然而,这美好的一切,即将在夜幕中淹没了。这怎能不让人顾盼流连,悲从中来呢?李商隐不为离愁别恨,不为怀古伤今,只为自己热爱这美好的晚景,却又无法将它长久挽留,更无法拒绝夜幕的来临。因而增添了一丝愁绪,发出好景不常,良辰易逝的惋叹。眼中之景、心底之情,在此相互交映。

诗人李商隐从大自然兴衰相继的现象中,领悟出世间万物盛极必衰的道理,油然产生一种对美好事物留连惋惜之情,慨叹人生的短暂。为此,他为了通过对古原夕照的晚景描绘,抒发对大好时光的恋惜之情和无可奈何的心境,于是挥笔写了这首《乐游原》诗,"夕阳无限好,只是近黄昏"便是这首诗中的名句。

赏析

李商隐这首《乐游原》诗,虽然短短20个字,但在我国传诵极广,争论也很多,尤其集中在"夕阳无限好,只是近黄昏"两句上。有人把它与晚唐衰微的国势联系起来,认为是伤时之作。也有人认为是热爱生活、追求理想、矢志不移情怀的写照。笔者认为,这首诗既不是李商隐政治见解的标签,也不是抒发壮志豪情的传声筒,它仅仅是留恋光景之作,是诗人抒发对世情、对人生的真实感受而已。它之所以流传千古,是因为它所揭示出的深刻哲理。现多用于老年人表达对生命的眷恋却又无可奈何。

星垂平野阔,月涌大江流

【名句】

xīng chuí píng yě kuò yuè yǒng dà jiāng liú
星 垂 平 野 阔①,月 涌 大 江 流②。

【出典】

杜甫《旅夜书怀》。

【注释】
①平野：广阔无垠的原野。
②月涌：月亮像给浪涛涌托起来似的。

【译文】
星辰低垂衬托出原野的无比辽阔，月映波涛只见大江滚滚东流。

【原作】
细草微风岸，危樯独夜舟。星垂平野阔，月涌大江流。名岂文章著，官应老病休。飘飘何所似？天地一沙鸥。

【作者小传】(见第4页)

唐肃宗至德元年(756)六月，安史叛军攻陷长安。其时身陷长安的杜甫听到唐肃宗在灵武即位的消息后，便冒着生命危险，逃出长安。这时候唐肃宗已进驻凤翔，杜甫便穿着麻鞋，袖露两肘去拜见唐肃宗，被任命为左拾遗。左拾遗是掌管供养讽谏和荐举的官，杜甫感到"主恩深厚"，决心尽忠职守。就在这时，碰上了这样一件事：

当朝宰相房琯，起初很得肃宗皇帝的信任，后来在用人问题上与肃宗有了分歧，再加上背后有人挑拨，和肃宗的关系日益疏远。房琯是个耿直的人，不肯受人冷落，当下请旨带兵收复西京，肃宗批准了他的要求，并让他自己挑选将官。房琯当时选了两个人，一个叫李楫，一个叫刘秩。这两个人均是白面书生，根本不懂军事，更不会带兵打仗，既无勇又无谋。房琯带着他们与叛军作战，战斗中这两人束手无策，再加上有几员大将投降了叛军，结果房琯大败而归。肃宗皇帝接到败报，十分恼火，要治房琯的罪，满朝文武除李泌外，无人敢替房琯申辩。

这时，杜甫不顾个人安危，毅然决然地向唐肃宗上疏，为房琯说情。他的这一举动，震惊了满朝官员，一时朝野议论纷纷，使他出了名。

谁知这却惹恼了肃宗皇帝，下诏三司审问杜甫，并把他从左拾遗降为华州司功参军，从此与长安永别。

事后，杜甫又到剑南节度使严武幕僚任职，不久辞职。严武去世后，杜

甫率领全家离开成都草堂。在船经渝州(今重庆)、忠州(今忠县)途中,为了抒发自己飘泊生活中孤独凄凉的苦闷心情,通过旅途月夜的景色,挥笔写了一首感人至深的《旅夜书怀》诗,"星垂平野阔,月涌大江流"就是这首诗中的名句。

赏 析

"星垂平野阔,月涌大江流。"这两句诗写广阔的夜空像垂幕在远方与茫茫原野相接,弥漫如水的月光洒在浩荡的江面上,大江奔涌不息,所以看起来月光也在涌动。诗人着一"垂"字,以"涌"对之,写出了雄浑壮阔的景象和浑茫震动的气势。

野火烧不尽,春风吹又生

【名句】

yě huǒ shāo bú jìn　chūn fēng chuī yòu shēng
野 火 烧 不 尽①, 春 风 吹 又 生②。

【出典】

白居易《赋得古原草送别》。

【注释】

①野火:原野中的烈火。
②生:滋生。

【译文】

野火不能把草根烧尽,春风吹来又照样滋生。

【原作】

离离原上草,一岁一枯荣。野火烧不尽,春风吹又生。远芳侵古道,晴翠接荒城。又送王孙去,萋萋满别情。

【作者小传】(见第93页)

唐朝贞元三年(787)早春时节,繁华的京城长安来了一个16岁的读书郎。高大豪华的楼台亭阁,热闹非凡的大街,川流不息的人群都令他眼花缭乱。但他没有心思去浏览这都市的风光,只是左顾右盼,逢人便打听诗人顾况的住处。顾况是当时的京都名士,又是朝廷的著作郎,也是诗人们当时崇拜的偶像。经过多处打听,中午时分,他终于找到了顾况的家。见到了这位白发苍苍、鼎鼎大名的诗人,年轻人走上前去毕恭毕敬地行礼,并把一卷诗稿送上请老诗人指正。顾况打开诗卷,见上面工整地写着"白居易"三个字,便认真地打量这位闯上门来的陌生少年郎,他将了将胡须问道:"少年芳龄几何?"

白居易忙回答:"16岁。"老诗人又问:"祖籍在哪里?"

"太原。"

老诗人又笑了笑:"这么说,你是从太原而来。"

"不,祖籍太原,寄居江南,我是从江南而来。"

顾况又打量了白居易一番,然后开玩笑说:"长安米价太贵,要长期居住可不太容易。"

这虽然是打趣的话,但确是发自老人内心的诚挚之言。这些年来,到京都长安拜访、求学的人非常多,可是没有几个在长安站住脚的。初到长安的白居易显然不明白老诗人此话的含意,他站在那里拘束得很,时间一长便更加心神不安。这时,顾况慢慢地打开了白居易送上的诗文,仔细看了看,突然眼睛一亮,并且高声朗诵起《赋得古原草送别》诗,"野火烧不尽,春风吹又生"便是这首诗中的千古名句。

"好诗!好诗!"顾况高兴地大声惊叹道。

他笑容满面,走到白居易身旁,轻轻地拍打着他的肩头说:"少年16岁能写出这样的好诗,要在长安住下去也是很容易的事。"

白居易从小受到良好的教育,5岁时写诗,8岁时已经懂得声韵,因此16岁能写出这般好诗一点儿也不令人惊异。少年白居易的这首诗,以生动的语言形象地写出了野草顽强的生命力。可以看出,少年白居易通过歌颂野草,表现了他一种奋斗不息的信念,一种顽强向上的精神。难怪老诗人顾况这样情不自禁地大声称赞了。之后他不仅在长安立足,而且诗文也非常有名气,写出了许多流传千古的诗篇。

赏析

"野火烧不尽,春风吹又生",一句写枯,一句赋荣,词意大振,语气由平叙改为咏叹。诗人以极大的热情赞美了古原草顽强再生的能力,一场野火虽然可以使秋草枯身化为灰烬,但它的地下根基却完好无损,待到来年春情催动,又生发出一片葱绿。在烈火中毁灭,又在烈火中再生,这是野草的性格、野草的风流。诗人在讴歌这种自我新生的风流时,流露出奋发向上的人生追求。因而诗句显得意气风发、不可遏止。这一切,配之以铿锵有力的语言,托之以对仗工整的句式,便造出一种浓郁的诗意,动人的韵味,从而赋予它流传千古的生命力。

野旷天低树,江清月近人

【名句】

yě kuàng tiān dī shù　jiāng qīng yuè jìn rén
野　旷　天低树①,江　清　月近人②。

【出典】

孟浩然《宿建德江》。

【注释】

①野旷:原野广阔。
②月近人:江水清澈,月映江中,似乎与人靠近了。

【译文】

原野广阔无边看上去比树还低,江水清清只有月影才跟我亲近。

【原作】

移舟泊烟渚,日暮客愁新。野旷天低树,江清月近人。

【作者小传】（见第 20 页）

故事

有一次，孟浩然到长安参加一次文士们的集会。当时，秋月高悬天空，大家即席赋诗。孟浩然写出了这样的诗句："微云淡河汉，疏雨滴梧桐。"大家惊叹佩服不已，认为赶不上他，都搁笔不再作诗了。其他如"春眠不觉晓，处处闻啼鸟"，"气蒸云梦泽，波撼岳阳城"等诗句都极为有名。

孟浩然进长安应试失利，回到家乡襄阳，不久又离乡赴洛阳，在洛阳待了一段时间，从洛阳出发漫游吴越（今江苏、浙江一带）。诗人进入浙江建德县境内，泊舟建德江时，为了描写暮宿江边的孤寂情怀，于是挥笔写了《宿建德江》诗，"野旷天低树，江清月近人"就是这首诗中的名句，一直为人们所称道。

赏析

"野旷天低树"，把原野写得十分广阔，由于"野旷"才能见到"天低树"，通过旷野景色反衬出客人的孤独寂寞。"江清月近人"，既是眼前实景，由于"江清"才觉得"月近人"，又透出无人亲近，具体烘托新的客愁。在这凄清的境地，没有人来陪伴，只有寒冷的江水和水中孤独的月影与人相近，聊为慰安。这两句好就好在，从写景中透出无限情意和感受，并且对偶工稳，炼"低"和"近"字，精工传神。

欲穷千里目，更上一层楼

【名句】

yù qióng qiān lǐ mù　gèng shàng yī céng lóu
欲 穷 千 里 目①，更 上 一 层 楼②。

【出典】

王之涣《登鹳雀楼》。

【注释】
①穷：尽，此指看尽。
②更：再。

【译文】
要看尽千里远的地方，再登上又一层城楼。

【原作】
白日依山尽，黄河入海流。欲穷千里目，更上一层楼。

【作者小传】(见第144页)

故 事

鹳雀楼是唐朝蒲州城(今山西永济)的一座城楼，位于城的西南，是当时著名的旅游胜地。

鹳雀楼共三层，因为楼上常有一种形状像鹳、人称鹳雀的鸟停在上面，因而得名。它的西南是高高耸立的中条山，而波涛滚滚的黄河就在它的脚下流过，整幢楼十分雄伟壮观，令人流连忘返。

王之涣是唐朝著名的边塞诗人，他出生在晋阳(今山西太原)，后来迁到绛郡(今山西新绛)。早年他曾担任文安县尉，性格豪放不羁，常常击剑悲歌，后来因遭小人诬陷而罢官。此后，他就开始了十多年的漫游生活，足迹遍及黄河南北。他写了许多诗，他的诗在当时常被乐工制曲歌唱，名动一时。

有一年，他来到鹳雀楼。这时正是傍晚时分，他高兴地登上鹳雀楼，极目远眺，面对祖国河山磅礴雄伟的气象，一时诗兴大发，于是把他登楼见到的景色和感受，写成了一首千古名诗《登鹳雀楼》，"欲穷千里目，更上一层楼"就是这首诗中的名句。

赏 析
shang xi

"欲穷千里目，更上一层楼"，既是抒情，又是议论，有情有理。诗人不能满足于眼前看到的景色，还想看到更壮阔、更惊心动魄的境界。这两句进一步把

读者带到了一个更高远的意境中去了,成为后人常常引用的名句。它体现了诗人开阔豪迈的胸襟和昂扬向上、积极进取的精神,表明了诗人乐观主义的人生态度。同时这两句还富有深刻的哲理。站得高,才能看得远,寓意深远,给人很多启发。

此外,在这两句中,"欲"对"更","穷"对"上","千里目"对"一层楼",给人一种抑扬顿挫、琅琅上口的美感。语言精练、通俗、自然,耐人咀嚼,韵味无穷。

欲将轻骑逐,大雪满弓刀

【名句】

yù jiàng qīng qí zhú　dà xuě mǎn gōng dāo
欲　将　轻　骑　逐①,大　雪　满　弓　刀。

【出典】

卢纶《塞下曲》。

【注释】

①将:率领。轻骑:轻装、机动、迅疾的骑兵。

【译文】

将士们正欲催动战马,轻装上阵追逐单于,不想那纷纷飘落的雪花落满了将士手中的弓刀。

【原作】

月黑雁飞高,单于夜遁逃。欲将轻骑逐,大雪满弓刀。

【作者小传】

卢纶(748~约799),字允言,祖籍范阳(今河北涿州),蒲州(治今山西永济)人。卒于河中。与钱起、吉中孚等合称"大历十才子"。令狐楚修《御览诗》,选其诗32首。《旧唐书·卢简辞传》云:"大历中,诗人李端、钱起、韩翃辈能为五言诗,而辞情捷丽,纶作尤工。"明胡震亨谓其诗"开朗,不作举止,陡发惊彩,焕尔触目",然"古体未遒"(《唐音癸签》)。清王士禛评价他为"大历十才子之冠

冕"(《分甘余话》)。《塞下曲》、《晚次鄂州》为传世名作。著有《卢户部诗集》(又名《卢纶集》)。

卢纶在唐朝"大历十才子"中,诗歌成就最高。当初,他考进士不中,由于宰相元载的器重和推荐,他才逐渐升迁为监察御史。后来,他因事托病辞职,回到河中(今山西省永济县)。当时,浑瑊是河中元帅,便请他做帅府判官。在任职期间,卢纶常亲临战场,观察敌情,指挥作战。有一天,在追击敌人的战场上,他看到敌人连夜退却,连鸿雁也受惊而高高飞起。这时,敌人趁着夜幕掩护,他们的首领已偷偷地逃走了。此刻,月黑无光,将军勇敢无畏,沉着应战。在将军的号令下,战士们整装待发。在漫天大雪中追击残敌,因雪太大,连弓和刀上也都落满了大雪。

诗人卢纶,从战场上回到官府,把他看到的戍边轻骑雪夜追击溃敌的情景,写成了感情充沛、气势不凡的《塞下曲》,其中两句名句就是"欲将轻骑逐,大雪满弓刀"。

卢纶写完这首诗的若干年后,有一天,唐德宗忽然想起他,问左右人,卢纶在哪里?左右人回答说:"卢纶跟从浑瑊在河中。"德宗便下诏叫卢纶进京,恰好这时卢纶死了,德宗便叹息了很久。卢纶死后二十多年,唐文宗也很爱读他的诗,问宰相:"卢纶死后,留下多少诗作?有没有儿子?"宰相回答说:"卢纶有四个儿子,都是进士,在朝中任职。"唐文宗就派人到卢纶家中访求遗稿,得诗五百首。从这件事,可知卢纶诗歌的影响之大了。

赏 析

"欲将轻骑逐,大雪满弓刀"这两句诗渲染了出击前的情绪、气氛,使画面上的形象栩栩如生:将领勇敢无畏、沉着善战。在将军的号令下,战士们整装待发,刹那间弓刀上就落满了大雪。场面壮烈而扣人心弦。景中寓情,耐人回味,催人遐想,读之令人壮怀激烈。

一骑红尘妃子笑,无人知是荔枝来

【名句】

yì qí hóng chén fēi zǐ xiào wú rén zhī shì lì zhī lái
一骑红尘妃子笑①,无人知是荔枝来②。

【出典】

杜牧《过华清宫绝句三首(其一)》。

【注释】

①一骑:一匹马。红尘:飞扬起的红色尘土。
②荔枝:常绿乔木,果实外壳有疙瘩,果肉色白多汁,味道甜美。

【译文】

一匹快马飞驰而来,后面扬起了许多尘土。他们不辞劳苦换来的只是贵妃娘娘开心的一笑。人们看见骏马飞奔,以为是在传送紧急文书,谁会想到是给杨贵妃运送荔枝的。

【原作】

长安回望绣成堆,山顶千门次第开。一骑红尘妃子笑,无人知是荔技来。

【作者小传】(见第58页)

故事

有一年,杜牧路过骊山华清宫时,望见满山树木繁茂,山上华清宫殿堂壮丽不减当年,心里忽然想起了一百年前那一幕幕悲伤的场面。

这是唐玄宗在位时的一个故事:

仲夏时节,长安东边的骊山上绿树成荫,花草竞放。华清宫楼阁亭立,画栋

雕梁,隐藏在青山绿海中,如海市蜃楼,隐隐约约。

唐玄宗和杨贵妃在此寻欢作乐,洗温泉,赏美景,饮天下美酒,吃天下山珍海味,过着骄淫奢侈的生活。这天,唐玄宗和杨贵妃正在观赏歌女们的翩翩起舞,不一会儿,杨贵妃看得有些厌烦了,便懒洋洋地对身边的高力士说:"昨天盼咐的那件事怎么样了,那东西怎么现在还没有送到?"

高力士哈腰低头来回禀道:"请娘娘放心,奴才算好今天就到了,而且马上就到,这是限时限刻的,而且是皇上和娘娘的圣谕,那里的地方官很害怕掉脑袋的。"

正在这时,一个仆人跑来报告:"娘娘,大道上看见一片尘土,驿使们骑的马来了。"

这时只见华清宫下的各道宫门全都一一打开了,宫女和太监们紧盯着山路上的飞骑,在滚滚的尘土中急急地驶来。来到山下,几个驿使刚跳下马,有的便累昏过去,他们的坐骑也都倒在了地上口吐白沫。山上的太监们跑下山来,嘴里喊道:"快些!快把宝贝送到娘娘面前。"

他们赶忙卸下马背上的金漆木箱,飞奔着抬到了山上,恭敬地送到了杨贵妃的面前。高力士忙打开箱子,取出鲜荔枝,双手送到杨贵妃面前:"请娘娘品尝鲜荔枝。"

杨贵妃拿起一颗荔枝,剥去皮放到嘴里,脸上露出了满意的笑容;在场的太监和宫女们也松了一口气跟着笑了,而山下却还躺着昏死过去的驿使和他们的马匹。

荔枝是杨贵妃最爱吃的东西,而且要吃味道鲜美的,所以,皇上命高力士从岭南或蜀地沿途特设一个个驿站飞骑点送,这样,沿途不知累死了多少人马。如果杨贵妃尝到荔枝后脸上没有笑容,就说明荔枝不是新鲜的,这样不知会有多少人要遭受不幸。

杜牧想到这里,有感而发,于是挥笔写了《过华清宫绝句三首(其一)》诗,"一骑红尘妃子笑,无人知是荔枝来"便是这首诗中的名句。

赏析

"一骑红尘妃子笑"中的"一骑",是细节描绘,也就是统治者糜烂生活的描绘。快马夹带着红尘飞驰而来,贵妃欣然而笑。这是怎么回事呢?诗人暂且避而不答,留给读者猜想的余地。但谁又会料到,这仅仅是为了给杨贵妃送几串荔枝而来呢?出人意料的答案获得出人意料的艺术效果,"无人知是荔枝来",

作正面回答。"无人知",实际是有人知:皇帝知,贵妃知,"一骑"也许半知;真正不知的是百姓。"荔枝来"三字,揭开了"一骑红尘"、"妃子笑"等面纱,露出了统治者骄奢淫逸生活的真面目。

愿君多采撷,此物最相思

【名句】

yuàn jūn duō cǎi xié　cǐ wù zuì xiāng sī
愿 君 多 采 撷①,此 物 最 相 思。

【出典】

王维《相思》。

【注释】

①愿:希望。采撷:摘取。

【译文】

希望你能多多地采摘,因为红豆最能引发人们的相思之情。

【原作】

红豆生南国,春来发几枝?愿君多采撷,此物最相思。

【作者小传】(见第48页)

【故事】

　　传说古代有一位女子,因为丈夫死于边地,非常想念丈夫,哭于树下而死,化作红豆,于是人们称它为"相思子"。红豆产于南方,色泽鲜红,玲珑剔透,其形其色,令人怦然心动。古人经常把它当做相思的凭证和定情之物,唐诗中常用来表示相思。这种相思,不仅是男女情爱,也可以是朋友之思。

唐代诗歌名篇经乐工谱曲而广为流传者很多,《相思》就是王维制而梨园唱的绝句之一。王维和友人离别后,有一天他看到了南国红豆,想到它最能寄托对朋友的相思之情。红豆到了春天会增添多少枝叶,而远在异地的朋友也会产生几多相思之情?诗人王维希望远方友人要珍重情谊,也希望友人多摘集红豆来寄托怀念之情,因为只有红豆才最惹人喜爱,最叫人忘不了,极能象征人们相爱的心情啊。

王维在思念朋友时,满腔相思深情折磨着他。诗人无可奈何,面对着南国红豆,拿来了纸、墨、笔、砚,一挥而就,写下了这首名传千古的诗篇——《相思》,而"愿君多采撷,此物最相思"就是这首诗中的名句。

据说,"安史之乱"爆发后,唐玄宗仓皇逃向蜀地,当时著名的音乐家李龟年流落湘中,曾在为采访使举行的酒宴上演唱了这首《相思》诗,听者无不动容,都望着唐玄宗奔逃的方向流泪叹息。由此可见,《相思》这首诗的感染力和影响是多么大啊!

赏析

"愿君多采撷,此物最相思"这两句名句,结构简单,语言浅近,但感情浓烈,十分感人,具有淳挚、含蓄、平淡之美。诗人寄意对方"多采撷"红豆,以希冀语气,道出相思之情,显得词恳语切,婉曲动人。现在,人们也用这两句名句来表达两地分离的相思之苦,情人们更是用互赠相思豆来代表相思。

Z

朱门酒肉臭,路有冻死骨

【名句】

zhū mén jiǔ ròu chòu　lù yǒu dòng sǐ gú
朱 门 酒 肉 臭①,路 有 冻 死 骨②。

【出典】

杜甫《自京赴奉先县咏怀五百字》。

【注释】

①朱门:红色的大门,指地主豪门贵族之家。
②冻死骨:冻饿而死的贫苦人的尸骨。

【译文】

那朱门里啊,堆积的酒肉都已腐臭;那大路上啊,却有着冻饿而死的尸骨。

【原作】

杜陵有布衣,老大意转拙。许身一何愚,窃比稷与契。居然成濩落,白首甘契阔。盖棺事则已,此志常觊豁。穷年忧黎元,叹息肠内热。取笑同学翁,浩歌弥激烈。非无江海志,潇洒送日月。生逢尧舜君,不忍便永诀。当今廊庙具,构厦岂云缺?葵藿倾太阳,物性固难夺。顾惟蝼蚁辈,但自求其穴。胡为慕大鲸,辄拟偃溟渤?以兹误生理,独耻事干谒。兀兀遂至今,忍为尘埃没?终愧巢与由,未能易其节。沉饮聊自适,放歌破愁绝。岁暮百草零,疾风高冈裂。天衢阴峥嵘,客子中夜发。霜严衣带断,指直不得结。凌晨过骊山,御榻在嵽嵲。蚩尤塞寒空,

蹴踏崖谷滑,瑶池气郁律,羽林相摩戛。君臣留欢娱,乐动殷胶葛。赐浴皆长缨,
与宴非短褐。彤庭所分帛,本自寒女出。鞭挞其夫家,聚敛贡城阙。圣人筐篚恩,
实欲邦国活。臣如忽至理,君岂弃此物?多士盈朝廷,仁者宜战栗。况闻内金盘,
尽在卫霍室。中堂舞神仙,烟雾蒙玉质。暖客貂鼠裘,悲管逐清瑟。劝客驼蹄羹,
霜橙压香橘。朱门酒肉臭,路有冻死骨。荣枯咫尺异,惆怅难再述。北辕就泾渭,
官渡又改辙。群冰从西下,极目高崒兀。疑是崆峒来,恐触天柱折。河梁幸未坼,
枝撑声窸窣。行旅相攀援,川广不可越。老妻寄异县,十口隔风雪。谁能久不顾,
庶往共饥渴。入门闻号咷,幼子饥已卒。吾宁舍一哀,里巷亦呜咽。所愧为人父,
无食致夭折。岂知秋禾登,贫窭有仓卒?生常免租税,名不隶征伐。抚迹犹酸辛,
平人固骚屑。默思失业徒,因念远戍卒。忧端齐终南,澒洞不可掇。

【作者小传】(见第4页)

故事

杜甫于唐玄宗天宝四年(745)在鲁郡石门和李白握手道别,于次年(746)来到了长安。他是怀着"致君尧舜上,再使风俗淳"的政治理想,意气风发地进京。

当时奸相李林甫和杨国忠把持朝政,排斥异己,嫉贤忌能。玄宗皇帝命令广泛寻求天下的能人,命只要精通一艺,都要来到京师,这就是所谓的"制举"。杜甫也去应试了。

李林甫害怕举人们在对策时会指斥他的奸恶,便搞阴谋操纵考试,结果考试变成了骗局,竟然没有一个人考上。李林甫事后还自作聪明,给皇帝上表祝贺说:"野无遗贤。"

杜甫考试失败,所受打击很大,他感到不满和忧愤。政治理想得不到实现,抱负无法施展,一个个挫折接踵而来,他的生活也更加艰难。在长安十年,虽然多方努力,而功业却一无所成。

到了天宝十四年(755),杜甫44岁了。十月,才得到"右卫率府兵曹"的小官。十一月,他离开京城,跑到奉先县去看望寄居在那里的妻子。

安禄山恰好在此时反叛,但长安还没有得到消息,唐玄宗和杨贵妃在骊山华清宫避寒享乐。杜甫从长安到奉先,正经过骊山。十年的长安生活,使诗人熟知上层统治阶级的骄奢淫逸和政治的腐败黑暗;贫病交加又使他对社会弊端

和民生疾苦有深刻的体察。于是,这位忧国忧民的伟大诗人,写下了《自京赴奉先县咏怀五百字》这首光照千古的长诗,"朱门酒肉臭,路有冻死骨"就是这首长诗中的名句。

赏析

在长安十年的苦痛经验,对污浊现实的深刻认识,人民的悲惨生活等等,使诗人积郁甚深;看到豪门贵族家有吃不完的酒肉,以至于发臭,而路上却暴露着因冻饿而死的贫苦人的尸骨,于是吟出了"朱门酒肉臭,路有冻死骨"的千古名句,形象地表明了当时社会贫富悬殊情况,表达了诗人对统治者的不满和对劳动者的同情。

正是江南好风景,落花时节又逢君

【名句】

zhèng shì jiāng nán hǎo fēng jǐng　luò huā shí jié yòu féng jūn
正是江南好风景①,落花时节又逢君②。

【出典】

杜甫《江南逢李龟年》。

【注释】

①江南:这里指湖南一带。
②落花时节:指春末。君:指李龟年。

【译文】

正是江南风景如画、落花纷纷的时节,我又和你相逢了。

【原作】

岐王宅里寻常见,崔九堂前几度闻。正是江南好风景,落花时节又逢君。

【作者小传】(见第4页)

故事

唐玄宗时,有位著名的音乐家李龟年。他精通多种音乐技能,擅长吹笛,能击羯鼓,而最拿手的,则是唱歌。

李龟年年轻时,曾经做过蕲州蕲县(今湖北省蕲州镇西北)县丞。后因音乐才能出色,受到唐玄宗的赏识,被任命为皇家乐队的队长。

唐玄宗自己也十分喜爱音乐,因此对李龟年十分宠幸,宫中每有娱乐活动,唐玄宗都把李龟年召来参加。

由于李龟年出色的音乐才能,有些王公大臣都争着和他结识,请他到自己府中清歌一曲,并引以为荣,如唐玄宗的弟弟岐王李范和唐玄宗的宠臣、殿中监崔涤,都把李龟年作为家中的上客。

当时,大诗人杜甫正寓居在长安做一名小吏,杜甫官职虽小,但由于他的诗名,也经常被岐王和崔涤等请去做客。于是,杜甫和李龟年有了交往,互相倾慕。

"安史之乱"爆发后,唐玄宗仓皇向成都逃跑。李龟年闻讯,也仓促逃往江南。杜甫则在逃难过程中被叛军所俘,陷在长安。后来终于逃出长安,投奔唐肃宗,做了左拾遗的官。

后来,"安史之乱"虽已平定,但全国仍是战乱迭起,很不安定。唐代宗大历三年(768),杜甫从成都乘小船沿长江东下,想回中原。由于战乱,他漂泊在现在的湖南北部一带。

大历五年(770)春天,杜甫船泊潭州(今湖南省长沙市),偶然遇到了在江南流落了多年的李龟年。二人相见,谈起了在长安时的往事,不由感慨万千。为此,杜甫写了这首《江南逢李龟年》诗,"正是江南好风景,落花时节又逢君"便是这首诗中的名句。

杜甫在写这首诗后不到一年,因贫病交迫,在赴岳阳的舟中去世了。

赏析

诗人杜甫流落在江南与故人李龟年相逢,又恰好是"落花时节"。这"落花时节",平淡道出,却包含丰富的内容。一方面点明暮春的景色,另一方面寄托

了无限的感慨。时局的动荡不安,生活的流离浮沦,年岁的迟暮流逝,表现得含蓄深沉。一个"又"字,实乃大悲大痛之语,平凡字眼中含有深意。美好的往事,好像梦一般,在残酷凄凉的现实面前,显得那样遥远而虚无。忆昔伤今之感,跃然纸上。

总为浮云能蔽日,长安不见使人愁

【名句】

zǒng wèi fú yún néng bì rì　cháng ān bú jiàn shǐ rén chóu
总 为 浮 云 能 蔽 日①,长 安 不 见 使 人 愁②。

【出典】

李白《登金陵凤凰台》。

【注释】

①浮云:比喻奸臣。日:比喻皇帝。
②长安:当时唐朝京城。

【译文】

总是因为浮云遮住了太阳,望不见京都长安多么使人忧愁。

【原作】

凤凰台上凤凰游,凤去台空江自流。吴宫花草埋幽径,晋代衣冠成古丘。三山半落青天外,二水中分白鹭洲。总为浮云能蔽日,长安不见使人愁。

【作者小传】(见第2页)

古代武昌长江岸边的黄鹤矶上,有一座黄鹤楼,俯临大江,飞檐雕甍

(méng),十分壮观;凭栏远眺,龟蛇两山隔江对峙,茫茫江水,奔腾不息。相传三国时代的费文祎(yī)就是在这座楼上乘鹤登仙的。

有一年,唐代诗人崔颢(hào)登临黄鹤楼。崔颢颇有才名。他年轻时诗风较浮艳,后来出塞从军,诗格大有转变。他独倚栏杆,重温有关黄鹤楼的传说,欣赏着大江两岸的美景:近处是绿荫覆盖的汉阳,江心有长满萋萋芳草的鹦鹉洲。渐渐地,夕阳西下,暮色入楼,一层淡淡的烟霭从江面浮起。崔颢触景生情,自言自语道:"日暮路远,家乡何在?烟波江上,愁绪万千。"于是,他在楼壁上题了一首《黄鹤楼》,抒写乡愁。

就在崔颢题诗后不久,大诗人李白也前来登楼游赏。李白爱好山水,擅长用淋漓的笔墨描摹壮阔奇丽的动景。如今,在著名的黄鹤楼上观赏滚滚东去的大江,多富有诗意啊!就在李白诗情洋溢、准备题诗的时候,他发现了崔颢这首《黄鹤楼》。

"真是一首佳作。"李白拍手叫绝。

李白对崔颢的《黄鹤楼》很钦佩,打消了写诗的念头,挥笔在崔颢诗后题了十四个字:

"眼前有景道不得,崔颢题诗在上头。"然后,离楼而去。

崔颢的《黄鹤楼》给李白的印象极深。很多年后,李白登金陵(今南京市)凤凰台,又想起了崔颢这首诗。为了表示自己对崔颢的景慕,李白摹拟《黄鹤楼》的格调,写了一首《登金陵凤凰台》诗,"总为浮云能蔽日,长安不见使人愁"便是这首诗中的名句。

赏析

李白这首《登金陵凤凰台》后来居上,胜过了崔颢的《黄鹤楼》诗,特别是诗末归结到对国事日非的忧虑,比崔诗仅仅抒写怀恋家乡的愁绪要高出一着。"总为浮云能蔽日,长安不见使人愁。"诗人把目光伸向当时的现实,写出了当时朝廷的腐败黑暗,抒发了自己报国无门的苦闷心情。